本当に必要なことはすべて「ひとりの時間」が教えてくれる

横田真由子

はじめに

ひとりの時間には、自分の気持ちに素直になれます。「こうしなくちゃいけない」から解放され、「今、自分はどうしたいのか」を大切にできます。本当の自分と仲良くなれるのです。そんな時間は、自分らしい幸せな生き方へとつながっていきます。

ある名門ブランドで販売員として働いていた時、私の前には、いつも憧れのお客様たちがいらっしゃいました。余裕のあるライフスタイルを実践する上品な方々。自分らしくよい品を身につけていて、親しみやすく、あたたかく、チャーミングなお人柄。

そんなお客様たちは、お店で品物を選びながら、よく日々の出来事を聞かせてくれました。

中でも印象に残ったのは、自由で上質な「ひとりの時間」です。

「さっきまで、行きつけのカフェで本を読んでいたの」「大きな仕事を終えたご褒美に、ひとりでフレンチに行ったのよ」「ロサンゼルスへ行った時、広い道をひとりで運転したのが楽しかったわ」……そんなお話を聞いているうちに、「周囲の目を気にすることなく、自分だけの世界を持っていることは素敵なことだな」と感じました。ひとりの時間を楽しむお客様の姿は、気負わずにすっと咲いている、しなやかで美しい一輪の花のように思えました。

そして、そんなお客様たちの手には、決まって、そのお客様らしい素敵な時計が優雅な時間を刻んでいました。

「時計は大切な時を刻むもの。素敵な針でカウントされる人生は、きっと素敵な時間になると思わない？」。あるお客様が仰っていた言葉が、今も胸に残っています。

〝かけがえのない時間を大切に〟という願いを込めて選ばれた、特別な時計。この時計とともに過ごしてきた時間が、その方の雰囲気をつくりあげているのだと思いました。

感銘を受けた私は、さっそく、自分の人生の時間を刻むにふさわしい時計を手に入れました。そして、そんな時計をパートナーにして、ひとり時間の楽しみ方を覚えていきました。

お気に入りのカフェで本を読んで過ごす休日や、早朝の公園でのモーニングタイム、自分にぴったり合ったワンピースを、たっぷり時間をかけて選び抜く時間。そんな時間を重ねるうちに、ひとりでしか観ることのできない風景の色も感じられるようになりました。

今は、スマートフォンを時計代わりにしている方も多いと思いますが、時間を確認するだけのつもりでも、SNSなどから通知される周囲の情報が絶えず飛び込んできます。でも、お気に入りの時計があれば、今の自分だけと向き合うことができます。

つながりすぎる時間から解放され、ひとりの時間を味わえば、頭も心もクリアになります。

もちろん、忙しい日々の中で、いつでもそんなふうに過ごすことはできません。

だからこそ、大切なのは、少しだけでいいので、時間の質を上げていくことです。

何気ない毎日の習慣を、少しだけ丁寧に行ってみる。10分だけ、ただ自分と向き合うための時間をつくってみる。そうやってほっと一息ついて、本当の自分を解放する時間が、心にゆとりをもたらし、自分らしい生き方へと導いてくれます。

本書では、「ひとりの時間」を中心に、限りある時間の質を上げ、毎日をもっと素敵にするためのヒントをご提案します。キーワードは「ミニマムリッチ」=「上質なものを少しだけ」。あれもこれも求めず、本当に大切なところにだけこだわるということです。これは時間の使い方はもちろん、ファッションやインテリア、お金、仕事、人間関係、美容、生活、生き方のすべてに当てはまる考え方です。

さらに、章間のコラムでは、憧れのお客様たちがつけていた時計と時間の重ね方もご紹介します。

ひとりの時間を大切にしている人は、自分の癒し方や感性の磨き方を知っていて、ポテンシャルをキープしている人です。

1日10分でいいのです。スマホをオフにして、お気に入りの時計をして、ひとりでゆったりと過ごしませんか。「ひとりの時間」のクオリティを上げることで、上質で心豊かな毎日が手に入ります。

本当に必要なことはすべて「ひとりの時間」が教えてくれる　もくじ

chapter 1 ゆとりを取り戻すための丁寧な時間の重ね方

chapter 2 時間とお金のハッピーなバランス感覚

chapter 3
上質を見極める買い物のルール

chapter 4
仕事も人間関係も余白を持たせて質を上げる

chapter 5
日々の生活から大人の品格は育まれる

chapter 6
私らしい選択としあわせの美学

chapter

1

ゆとりを取り戻すための
丁寧な時間の重ね方

スピードが重視される今だからこそ、
あえてゆっくりと過ごす時間が心には必要です。

way of life
called
minimum rich

1

砂時計を見ていたら、時間は宝石のようだった

毎日、時間に追われていた時のことです。先方から指定されたホテルのラウンジに駆け込みソファーに深く腰掛けると、どっと疲れが押し寄せてきました。

メニューを見ながら、「ハイビスカスの香り」と書かれたハーブティをオーダーし、遠い昔に行ったハワイの海を思いながら座っていました。

やがて、お茶の入ったポットとともに、白い砂時計が運ばれてきました。

「この砂がすべて落ちたら飲み頃です」と、接客係の背の高い男性が、ぼんやりとしている私の顔を覗き込むように言いました。私は、その金色で縁取られた砂時計の砂が流れるように落ちていくのを見るうちに、時間って有限なんだなと、改めて感じたのです。

さらさらと流れていく砂の時間は美しく、宝石の粒のように感じて、しばらくじっと見入っていました。

ぞんざいに扱い、上部だけを消費してきたような時間が、突然、虚しくなってきました。

とにかく「こなす」だけの毎日。心を込めるでもなく、スケジュール表に書いたことをひとつずつ、消していくような日々、「はい、終わりました」と、チェックをつけていただけ。

時間に対して敬意を払うこともなく、ただただムダ使いをしていた感覚に陥ったのです。

それから、私はホテルで見たものと似た砂時計を洗面所に置くことにしました。それまで、歯磨きの時間やフェイスパックする時間はキッチンタイマーで計っていましたが、代わりに砂時計を使うことにしたのです。

砂時計をセットすると、時間が丁寧に流れていくのを感じます。心の中にも大切な時間が落ちてくるようです。

美しい砂を毎日この目で見ながら、時間は有限で、かけがえのないものだということを忘れないでいたいと思っています。

minimum action

美しい砂時計をセットして、限りある時間のかけがえのなさを思い出す。

way of life
called
minimum rich

2

情報を集めるのをやめて、時間と自分を取り戻す

この30年間で一番変わったことと言えば、スマートフォンを見ている時間が膨大に増えたということでしょうか。平成の暮らしは、スマホの進化とともにあったと感じています。「やるべきことがあるのに、スマホを手に取った瞬間から、気になったことを検索し始め、どんどんと関連情報に飛び、いつのまにか1時間も経ってしまい後悔した……」「メールや買い物アプリに夢中になり、電車で降りる駅を通過してしまった……」という経験は、どなたにでもあるのではないでしょうか？

ある作家の方は、ネットサーフィンをしていて、締め切りに間に合わなかった経験があるそうで、こんな対策を考えたそうです。近所のなじみの喫茶店に行き、マスターにスマホを預け、金庫に入れてもらうのです。そうすると、安易にスマホに手を伸ばすことなく、原稿の執筆に集中することができるのだと仰っていました。

余計な時間を手放したい、スマホに頼らない生活をしてみたいけどできない、という方には、これくらいの強行策が必要かもしれません。強制的に預けてしまい、手元にない状態は、やるべきことに集中できる時間をつくってくれます。

私も時間を食い荒らすスマホとの関係を見直すことにしました。

スポーツジムや、ぶらっと近所に散歩に出かける時は、スマホを持っていきません。スマホを見ない時間は、いろんなアイディアが湧きやすいからです。

海外にいる時も、宿にスマホを置いていくこともあります。でないと、五感がどんどん鈍くなっていくからです。新しいもので五感を満たすことこそが、日常で疲弊した心を活き活きと蘇らせてくれますから、旅先ではスマホを見ず、五感を磨かなければもったいないと思います。

スマホから離れてみると、自分の足で歩き、自分の目で見て経験するよりも、安易に検索する癖がついてしまっていると気づきます。

動画で見た場所には行った気になり、会ったこともない誰かのクチコミを信じてしまう自分がいます。

空気感や匂い、実際に見た時の心の動きは、経験してみなければわかりません。そこで、あえて「便利さ」を遮断することで、自分の嗜好や個性がよりはっきりと輪郭を表すのだと思います。実際に経験してみれば、「評価が星2つでも私はこれが好き」と言えるのです。

そう言えた時に、自分のことが少しだけ好きになれます。自分の意見や選択肢が明確になると自信になります。

余計な情報を収集する時間を手放す環境を自らつくることで、本当に大事な時間と自分軸を取り戻すことができます。

minimum action

たまにはスマートフォンから離れて、「集中する時間」と「自分で判断する軸」を取り戻す。

way of life
called
minimum rich

3

アンダンテのリズムで歩いてみる

私は若い頃、田舎にある実家に帰るのが苦手でした。

初日はいいのですが、3日もいると居心地が悪く、落ち着かなくなってくるのです。「忙しいことは善、忙しくないことは悪だ」と、ずっと感じていたので、のんびり流れる時間が苦手でした。

私にとって、実家のような田舎で過ごす時間は音楽用語の「アンダンテ（歩くような速さで）」のようで、「遅いな」とイライラし始めるのです。

あの頃の私は、都会の「アレグロ（快速に）」のようなリズムでないと、生きている実感が持てなくなっていました。

アレグロの体内リズムが、すでに私の中に刻まれているようでした。

都会の人々の歩く速さや話す速度、立ち振る舞いの機敏さは、都会のリズム感そのもので、「この速さについていけないと、渋谷のスクランブル交差点は一生渡れないのでは？」と思ってしまいます。あえて好戦的になることを強いられるようなリズムです。渋谷のスクランブル交差点を一緒に歩いていた先輩は、「前から人が歩いてきてもスピードをゆるめず、どんどん速く歩いていくと、相手が譲ってくれるのよ」と教えてくれました。

このリズム感は、東京で生きていくために必要なスキルだと思ったことがあります。ですから、このリズムで生活できない実家にいると、このギャップにショックを受けるのです。体内に刻み込まれたリズム感が、性格まで変えてしまったのかもしれません。

1時間に2本しかない電車や、人々の歩く速度の遅さにイライラしながら過ごすことはストレスで、自分の顔つきも、パーツが真ん中に集まらず、横へ広がっていくような、だらっとした締まりのない顔つきになっていくようで、鏡を見て焦ったものでした。

けれど、早すぎるリズムは、メンタルを脅かすこともあります。

効率ばかり考えていると、人の気持ちやあたたかさが見えなくなります。

こんなことがありました。満員のバスに乗っていた時、出口付近に立っている女子高生たちに向かって、降りる時に、「邪魔！」と怒鳴った女性がいました。

その女性は大きな荷物を持ち、スマートフォンを何度も見て、焦っているようでした。気持ちがわからない訳ではありません。交通渋滞で遅延して焦っている中、女子高生たちは楽しそうに時折笑いながら、「マジ？」「ヤバい」を繰り返していました。冷房の効かない車内は暑くて、私も含めイライラしている人は多かったのです。

しかし、その「邪魔！」という言葉に、びくっと怯えた表情をした女子高生たちの足元を見ると、つま先立ちをしていました。できるだけ多くの人が乗れるようにと、配慮をしていたのです。

私も気がつきませんでしたし、その女性にも、きっと見えていなかったのだと思います。私は、その時、「忙しすぎると目前の状態すら見えなくなる」と思ったのです。

そんなことを思いながら、バスを降り、乗り換えの地下鉄のホームに立っていました。電車に乗ろうとドアが開いた時、白髪のご婦人が私と同時に乗り込もうとしました。

その時、「どうぞ」と言って微笑んでくれた笑顔にハッとしたのです。この瞬間、心にあった黒い雲は、消えていました。

どんな時も「どうぞ」と言える心、ゆったりとしたリズムは、よい時間や人間関係を育んでいくのではないでしょうか。

平日は難しくても、休日にはアンダンテのリズムで1時間、目的もなく、周りや足元を見ながら散歩してみるのもいいですね。

人には人の心地よいリズムがあります。リズムが整うと心も整うのだと思います。

minimum action

「もっと早く!」とイライラしたら、体内リズムが加速しすぎている証拠。

周りが見えなくなる前に、アンダンテのリズムを思い出す。

way of life
called
minimum rich

4

朝10分の優雅な時間で毎日が変わる

時短のためには、「ながら」がお勧めであることは間違いありません。限られた時間の中で2つのことをするのは、忙しい人には必須のスキルで、私も「ながら」で過ごすと得した気分になります。けれど、月曜の朝だけは「ながら」を封印することにしています。

「ながら」を封印するだけで、優雅な気持ちで一週間がスタートします。

スイッチひとつ押すだけでできるコーヒー、その間にメイクしてという、いつものルーティンをやめます。月曜だけは早起きして、コーヒー豆をガリガリと挽いてみます。香りを楽しみながらゆっくりとお湯を注ぎ、丁寧に淹れてみます。コーヒー好きの私は、この香りが脳にダイレクトに届き、幸せで満たされます。「月曜の朝は憂鬱」という方も、朝10分の早起きで、ちょっとだけ優雅にスタートできるのではないでしょうか。

天気のいい朝は、玄関のたたきを水拭きしてから出かけるとすっきりします。朝の光は、脳や体に始業チャイムを鳴らしてくれます。「朝を丁寧に過ごすと気分がよくて、何をやっても上手くいく気がします」と教えてくれた女性は、営業職でトップの成績でした。

「今日は仕事に行きたくない」という朝には、10分間の朝の瞑想もお勧めです。ネガティブなモヤモヤを静めてくれます。瞑想といっても難しいことをする訳ではありません。

ポイントは「呼吸」です。ゆったりとリラックスして座り、目を閉じて呼吸だけに集中します。ストレスを抱えている時、人は呼吸が早くなっています。ゆっくりと10秒くらいかけて息を吐きます。嫌なものは全部吐き出してしまいます。全部吐き出せば、また自然に吸うことができます。これを繰り返すだけです。

呼吸ができているということは、当たり前ですが、生きているということ。生かされているということ。瞑想によって、朝から生きていることのありがたさを感じます。

ゆっくりと過ごす時間を、朝に学び直すことができます。

minimum action

辛い朝こそ10分早起き。「ながら」をやめ、瞑想などに集中する時間をつくる。

way of life
called
minimum rich

5

1日3分、体と心をあたためる

ある美容家の方から、「腸が冷たい人は表情も冷たい」と言われてハッとしました。暑いからと冷たいものばかりを口にしている時は、内臓も気持ちも冷えていることが多いからです。暑い時期も油断せず、朝一番に白湯を飲むなど、温活は一年中、心がけたいものです。体と心はつながっています。体が冷えると心も冷えるし、心が冷えると体も冷えます。

太陽の光を浴びていると、それだけでハッピーな気持ちになれます。日光浴は心身の不調を吹きとばしてくれます。

天気のいい日は駅までの道3分間の遠回りをして、公園の中を通って歩いてみる。狭いベランダだけど、太陽が降り注ぐ日は小さな椅子を置いて3分間だけ座ってみる。たとえ3分間でも心はあたたかくゆるんでいき、落ち着きを取り戻していきます。

また、あたたかい飲み物を3分間かけて、ゆっくりいただく。寒い日には、3分間だけ足湯に入ったり、3分間だけかさついた手をマッサージしてあたためると、じんわりと気持ちがほぐれてきます。

あたたかいものは、心があたたかになった思い出と直結していませんか？

小さい頃、母が用意してくれた湯たんぽ、木造の校舎にあった灯油のストーブ、よく泊まりに行って遊んだ友達の家のこたつ、祖母の家にあった火鉢など、あたたかい人との触れ合いとともに、記憶に残っています。

大切な人と触れ合いながら体も心もあたためる時間は、かけがえのないひとときです。自分も他者もあたためる時間を、できるだけ多く持つために、心がザワザワすること、冷たくなることは手放していきましょう。まずは、3分間の温活を習慣化してみませんか？

minimum action

駅まで遠回り、ベランダで日光浴、あたたかい飲み物、足湯、手のマッサージ……

3分間でできる温活で、体も心もあたためる。

way of life
called
minimum rich

6

アナログな時間が癒しをくれる

先日、季節を感じる美しい絵葉書のお礼状をいただいて、とても豊かな気持ちになりました。手書きで書かれた文字には、その方のぬくもりがあり、お人柄が伝わってきました。私のために、心を遣っていただいた時間は、最高のギフトだと感じます。

私も手紙を書こうと、文具店に立ち寄り、季節感あふれる葉書の前に立って、「あの方のイメージは、これかな？」と考えながら選んでいたら、何とも心が整ってきました。

デジタルに疲れた時は、あえてアナログな時間をつくってみるのもお勧めです。

アナログな時間は、自分の手を使って丁寧に作業をする時間。

近年、あえてそんな時間を大切にしている女性も増えているようで、丁寧に出汁を取ってお味噌汁をつくる、丁寧に花を生けるなど、アナログ時間で、ちょっと気分転換をするという方がいました。

あえてゆっくりと、丁寧に過ごすことで心が整い、一日が豊かになる感覚があるのだということでした。

販売員時代に出会ったあるお客様は、いつも素敵な手巻き時計を愛用していました。シルバーグレイの髪をアップにし、赤いリップと赤いマニキュアがトレードマークのマダムでした。

そのお客様は、「儀式のように同じ時間にネジを巻くのよ」と仰っていました。「面倒ではないですか？」と聞いたところ、「自分の時間は、自分でコントロールするのよ」と笑って仰いました。

時計の秒針をじっと見ていると、時計は生きているように見えます。それを自分の手で動かす感覚は、能動的になれるとても貴重なことかもしれません。

そんな命を持った時計をゆっくりと巻いているお客様を想像して、とても優雅で凛とした気持ちになりました。きっとその時計の秒針の音は、お客様の鼓動と共鳴しているのだと思います。

忙しい毎日の仕事で使う時計には手巻きは向かないと思いますが、少しゆっくりと過ごせる人生の秋には、私も手巻きの時計と一緒に時を刻んでいくのもいいなと思っています。

minimum action

便利な時代だからこそ、あえて自分の手を使うアナログな時間をつくってみる。

way of life
called
minimum rich

7

雨の日は靴を磨く

雨の音は集中力が増すと言われています。雨の日は、どんな風に過ごしていますか？私は家の中にいて、ひとつのことに集中すると、すっきりした気持ちになります。ぼーっとした頭で、ただ、ゆったりと手だけを動かすことで、すべてが整っていくような気持ちになります。寒い時期は、心まであたたまる編み物や煮込み料理をすると癒されますが、玄関にお気に入りの椅子を置いて、ゆっくりと靴を磨くのも好きな時間です。

革専用のクリームを柔らかい布につけて、軽く拭いていくだけで、目立つ汚れはみるみる取れていき、元の輝きを取り戻していきます。毎日、外で少しずつ溜まったストレスが、すっかり取り除かれていく感覚になります。

汚れを落とした後の保湿は、ハンドクリームでも構いません。もちろん、目立たないところで試してみて、色ムラにならないかはチェックしてください。ハンドクリームを指で直接、刷り込むように塗っていきます。革も皮膚なので、ぐんぐん染み込み、艶が出てきます。手で直接、皮（革）に触れ、磨いていく感覚は、人肌に触れているようで落ち着くのかもしれません。出先でも、ちょっとしたすきま時間に、ハンドクリームを塗った手で、革のバッグをマッサージするように撫でてあげます。そうすると、みるみるうちに輝きが蘇ってきます。バッグも靴も皮なので、保湿され、潤い、艶が出るのです。

特に靴は、一番汚れるアイテムであり、目から一番遠いところにあるものです。そんな場所がキレイで艶を保っていることは、その人の品格を感じさせます。


一流と言われているお客様の靴は、いつもピカピカでした。

そんなお客様が通っていたのが、プロの職人が靴を磨いてくれる、おしゃれなサロンです。

私もお気に入りの靴を持ち込んでみました。カウンターでお茶やお酒をいただきながら、素敵なスーツを着たプロの靴磨きの手順や技を目の前で見ることができます。

たっぷりと時間をかけて、靴に魂を吹き込んでくれます。靴が生まれ変わっていく瞬間を眺めることができる上質な時間です。

その空間をイメージしながら、家でもやってみます。

少し手のかかることを、ゆっくりとやることは、今の時代には、ある意味、贅沢なことかもしれません。雨の音とともに、時間がゆっくりとクラシック音楽のように流れていきます。そして、心の汚れも雨とともに浄化されていく感覚にもなるので不思議です。

靴がピカピカになった後は、自分をおもてなしするように、とっておきのお茶を丁寧に入れます。普段は使わない、お客様用に買った上等なティーカップを使うと気分が上がります。特別な茶葉の香りや、カップを丁寧に扱おうとする気持ちが、心を豊かにしてくれます。

こんな雨の日を過ごすと、次の日は決まって快晴、青空が広がります。

生まれ変わった靴を履く朝は、きっといいことがあると思えて、足取りも軽くなるのです。

心も快晴、青空です。

minimum action

職人のように手で皮に触れながら、丁寧に靴を磨く。すると、心まで浄化される。

way of life
called
minimum rich

8

「待つこと」で開ける未来がある

販売員の友達が、「今、一番多いクレームは、待たされたということなの。時間を返してって言われても……」と、泣きそうになりながら話してくれました。お金を返すことはできても、時間を返すことはできません。

ボタンひとつで1時間後には欲しい商品が届く世の中なので、待つことが苦手な人が多くなったと感じます。

何事もすぐに結論が出ることは当たり前で、遅いとイライラします。ただ待つだけの時間は、ムダな時間とカウントされます。

長蛇の列に並ぶ人は、みんな、スマートフォンを片手に情報収集をしたりして1秒もムダにしません。会議中でも、自分に関係のない議題の間はスマートフォン使用ＯＫの会社もあると聞きました。

私も病院での待ち時間は、「あと、どれくらいかかるのか」を教えてほしいし、「なぜ、こんなに時間がかかるのか」を知りたいと思ってしまいます。

少しでも時間を有効利用したい、時間を浪費したくない気持ちが必要な場面は多々あります。でも、この気持ちが強すぎると、自分も相手も追いつめていくことがあるかもしれないなと思っています。

すぐに結論を出さず、待つことで開ける未来もあります。

すべてのものは、日々変化しているので、今日の気持ちが明日同じとは限りません。ですから、今、取り組んでいることの結論を急がないことも大事です。今日、上手くいかないことがあっても、明日にはまた変わるかもしれない。だから、心の余白をつくって、一旦保留。待ってみる。そして続けてみる。静かに、淡々と。

お笑い芸人として活躍していた西野亮廣さんが、「ひな壇には座らない、絵本作家になる」と決め、「調子に乗るな」とバッシングを受けた時、タモリさんから、「おまえはそこにいろ。いつか時計の針が回ってくるから」と言われたそうです。

この言葉が支えになったと西野さんはあるインタビューで仰っていました。今では時代の寵児として、時計の針がぴったりと西野さんのところにあります。

悩んだ時や迷った時は、一旦、保留にしてグレーのままでいること。白か黒ではなく、グレーのバリエーションもよしとする。「これはこれで美しい」と思えるのも、経験値のある大人ならではの美意識ではないでしょうか？

他者の気持ちも、いつも白か黒のようにはっきりとしている訳でもなく、時間をかけて、シルバーグレーのようにやや明るくなったり、チャコールグレーのように深くなったりするのを感じて楽しんでいく。

そんなグレーを楽しめる女性の方が、幸福度は高いのかもしれません。「これしか無理」「これ以外は全てNG」という気持ちが強すぎると、幸せは感じにくくなりませんか？

こんな世の中だからこそ、「ま、少し待ってみましょうよ」と言える心の余白は、相手も時間もその場の景色も包み込みます。

「急いては事を仕損じる」と言います。焦って結論を出さなくても、時計の針が回ってくることを信じていれば、いつか絶妙のタイミングで、自分に相応しい場所に着地してくれるのではないでしょうか。

「時はいつの日にも親切な友達」とユーミンも歌いました。時間に追われ、時間を追いかけるのではなく、時間と友達になっていく。歳を重ねるほど、そんな人生を送りたいと思いませんか。

minimum action

悩んでいる時や焦っている時ほど、一旦保留。「待てる」人のもとには、絶妙のタイミングで答えがやってくる。

way of life
called
minimum rich

9

私が選んだ上質な時間は、私を豊かにしてくれる

「気持ちが豊かになる時間は？」と聞かれて思い浮かぶのは、どんな場所で流れている時間でしょうか？

私は高級ホテルのラウンジで過ごす時間が豊かに感じる時間のひとつです。

「コーヒーに1000円も払うなんて」と言われることもありますが、1000円以上の価値があると思っています。

エントランスに飾られた洗練された季節の花、選び抜かれた調度品や食器、プライドを持って働くスタッフの笑顔、そして、この空間を楽しむためにおしゃれをしてきたお客様たち。すべて、そこには私の求めている「ある」が揃っているからです。

自分の心は、いつも豊かな水で満たされている状態をキープしていることが理想です。「ある」という豊かな水が自分の内側からあふれ出すように、他者をも満たすことができるなら、とても幸せだと思っています。

けれど、心の水がすっかりなくなってカラカラに乾いていたり、「ない」と心が叫んでいることもあります。

そんな時は、ラウンジのゆったりしたソファーに身を沈め、自分を満たすために、静かに「ある」を味わいます。

具体的に何があるかを見たり数えたりする必要はなく、満たされた空間のオーラを全身で感じながら、「ある」という感覚を肌で感じていくのです。この「ある」のオーラを浴び放題のコーヒー1000円は、安いと思いませんか？

自分自身が美しいと思う場所に身を置き、ゆったりと時間と空間と雰囲気を楽しむことができると、所作や表情も変わります。場の力でしょうか。

これは、ラグジュアリーブランドで働いていた時から、感じていたことでした。

新人が入社してくると、半年間で見違えるほど、洗練されていきます。

それは、洗練された店内で一流のモノに囲まれ、セレブと言われるお客様の豊かなオーラを浴び、その出会いを楽しみ、どっぷりと浸り、味わいながら毎日を過ごしているからです。

ですから、私がお誘いする食事会では、私のお気に入りのホテルやレストランを厳選して選びます。ご一緒した方々に、そのオーラを浴びていただきたいからです。

そのあと、「いいことがありました」と報告していただくことが多いのですが、これは気持ちが「ある」という状態になっているからではないかと思います。

人には波動のようなものがあり、これは共鳴するのだと思っています。

周りにいる人がポジティブで行動的な人ばかりだと、「私も何かやりたい」と意欲が湧いてきますし、逆に愚痴や悪口を言う人に囲まれていると、自分のエネルギーが消耗されていきます。

高級ホテルだけではありません。一流と言われている場所やモノ、人に会いに行ってみてください。自分を満たす水は、心地よいもの、上質なものを選ぶことです。

自分の中を流れている水が、よどんでいると思ったら、体を動かしましょう。空気の澄んだ、気のいいところへ出かけましょう。

あなたが「ある」と感じる、心地よく、上質な場所を探してみてくださいね。

美術館でも映画館でもカフェでもいいし、近所の眺めのいい高台でもいいのです。

そこでは、スマートフォンをオフにして、「ゆったり脳」にチェンジしていきます。スマホに対応しようとする脳は、反射力に優れていて瞬発力は発揮できるようですが、じっくり深く考えたり、味わったりすることは苦手だそうです。代わりに、素敵な時計をつけて、のんびり、ゆったり、じっくりと過ごす、ひとりの時間を味わっていくと、心地よい時計の音と、あなたの心の本当の声が聞こえてくる気がしませんか？

minimum action

気持ちがよどんできたら、自分にとって心地よい、上質な場所に出かける。時計の音に耳を傾けながら、ひとりの時間をゆったりと味わう。

美しい針で大切な時を刻むカルティエ・ベニュワール

minimum rich column

1

「時計は大切な時を刻むもの。素敵な針でカウントされる人生は、きっと素敵な時間になると思わない？」

ストレートの長い黒髪と長いまつ毛が印象的なそのお客様は、華奢な腕にベニュワールという名の時計をはめて、そう仰ったのです。

私が販売員として店頭に立って間もない時でした。そのお客様の言葉と姿に、今まで感じたことにない羨望と感動を覚えました。

私も学生時代から使っていた時計を卒業して、「これからは自分の人生を表現してくれるような、よきパートナーとなる時計と一緒に生きて行こう」と決め、人生の時計探しの旅が、この時始まったように思います。

その時計はオーバル型の優美な曲線を描き、エレガントで気品に溢れていました。息を呑んで見ている私の前で、繊細な針は美しく優雅に時を刻んでいきました。

ＩＴバブル前のその時代、時代の空気も店内の時間も今よりゆったりと、優雅に流れていたように思います。

お客様とは、よく店内で二人っきりになることが多く、いつもいろいろなお話をしてくださいました。

時計をうっとりと眺める私に、その時計は、留学先のウィーンで誕生日を迎えた時に、両親からもらった思い出のプレゼントだと話してくれました。音楽家として活躍していた方で、お父様もお母様も音楽家でした。

外国での厳しいレッスンや慣れない環境、孤独に負けそうになった時、いつも、この時計が励ましてくれたと仰いました。

この時計には、ウィーンでのさまざまなストーリーが刻まれているのだと思いました。

また、同時にご両親への感謝も口にされました。「この時計は、両親が注いでくれた愛情とともに時を刻んでくれた」と。「犠牲を払ってでも、私に勉強を続けさせてくれた思いが詰まっています」と仰いました。この時計をプレゼントされた時、お母様は「人生で一番、大事なのは時間。時間が一番貴重なの。過ぎてしまった時間は、二度と取り戻せないのだから大切にしてね」と仰ったそうです。

きっと時計というのは、時間を教えてくれるだけでなく、愛や感謝、過ぎてきた過去の思い出や未来への希望をも語ってくれるものなのだと思いました。

カルティエのベニュワールは、普段のワンピースやスーツだけでなく、フォーマルなドレスや着物にも似合います。オケージョンにも使える特別感のある時計です。あのお客様はきっと、今も優雅なドレス姿で、あの時計とともにどこかのステージに立っておられるのでしょう。

美しい針で、かけがえのない大切な時を刻む時計と、気品に溢れたお客様の姿を、今も映画のワンシーンのように思い浮かべます。

レッドカーペットを歩くような人生を引き寄せることができる時計なのだと思います。

minimum actions for a minimum rich life

美しい砂時計をセットして、限りある時間のかけがえのなさを思い出す。

たまにはスマートフォンから離れて、「集中する時間」と「自分で判断する軸」を取り戻す。

「もっと早く!」とイライラしたら、体内リズムが加速しすぎている証拠。周りが見えなくなる前に、アンダンテのリズムを思い出す。

辛い朝こそ10分早起き。「ながら」をやめ、瞑想などに集中する時間をつくる。

駅まで遠回り、ベランダで日光浴、あたたかい飲み物、足湯、手のマッサージ……3分間でできる温活で、体も心もあたためる。

便利な時代だからこそ、あえて自分の手を使うアナログな時間をつくってみる。

職人のように手で皮に触れながら、丁寧に靴を磨く。すると、心まで浄化される。

悩んでいる時や焦っている時ほど、一旦保留。「待てる」人のもとには、絶妙のタイミングで答えがやってくる。

気持ちがよどんできたら、自分にとって心地よい、上質な場所に出かける。時計の音に耳を傾けながら、ひとりの時間をゆったりと味わう。

chapter

2

時間とお金のハッピーなバランス感覚

時間をうまく使えばお金が生まれ、
お金をうまく使えば時間が生まれます。

way of life
called
minimum rich

1

忙しくても とっておきの部屋 をつくる方法

販売員だった私は、毎日、店内を整理整頓、掃除しながら、片づかない自分の家をいつも思い出していました。

素敵な店内とは正反対の散らかった部屋。「素敵な暮らしをしたい、少しでも居心地のいい家に住みたい」と思って働いているのに、働いていることで時間に追われ、どんどん家は散らかっていく現実に、やりきれないものを感じていました。

リビングのテーブルに置かれたままの郵便物やお菓子の箱、クローゼットのドアにひっかけたままの上着を横目で見ながら出勤してきた朝は、電車の中でため息が出ました。

バタバタと過ぎていく余裕のない毎日、「平日は仕方ない、いちいち片づけていられない」と自分に言い訳をし、休日は休日で、「また来週にしよう」と先延ばしにして、「やりっぱなし」「出しっぱなし」が当たり前になっていきました。

今はインスタグラムで常に誰かの素敵な暮らしを目にすることになり、あの頃より更に働く女性のモヤモヤ感は増しているかもしれません。

写真を眺めながら、「いいな。理想だな。それに比べて、ウチは……」と、モヤモヤしてしまう方も多いのではないでしょうか?

余白のない部屋を眺めながら、心にも余白がなくなっていきます。

そんなある時、お客様から「マイフェバリットコーナーをつくっている」という話をお聞きしました。「家の中で一か所だけ、好きなモノだけしか置いていない、とっておきの場所をつくるのよ」と教えてくれたのです。

「そうすれば、たとえ他の場所が散らかっていても、その場所にいるとくつろげるの」というのです。一か所だけなら、私にもできるような気がしました。

そのお客様は、キッチンとリビングの間の一角に、お気に入りの小さな椅子を置き、肌触りのいいひざ掛けを用意して、自分専用のカフェのように、とっておきのカップでハーブティーを飲んだり、本を読んだりするのだそうです。

椅子の下にはラグをひいて、「このスペースだけは、余計なモノを置かない、キレイをキープする」と決め、お気に入りの小さな範囲から整えていくことを教えてくれました。

ポイントは、「小さな範囲だけ」ということです。

それはリビングに置いた一人掛けソファの周りだけでもいいし、一輪だけ花を飾るサイドテーブルの周りだけでもいいのです。自分だけの「マイフェバリットコーナー」をつくって、そこだけはキレイをキープする。

モデルルームのように、いつもキレイで整然と片づいた部屋は、あたたかみを感じられないし、家族全員がいつもキレイな状態をキープすることは現実的には難しいです。

だから、せめてお気に入りの小さな範囲だけ、余計なモノを置かないようにしてみませんか？

minimum action

小さな「マイフェバリットコーナー」をつくり、そこだけはキレイに保つ。

way of life
called
minimum rich

2

モノが病気になるのを防ぐ2つのルール

ある朝、店頭の黒いTシャツに、シワが寄っているのを見つけました。「そういえば、このTシャツ、質はいいのに売れないな」と思いながら、Tシャツをよく見ると、まるで病気のように元気がなく見えました。そこでキレイにシワを取り、畳み直して並べ直したところ、ふわっと空気をはらんで、Tシャツが息を吹き返したようになったのです。それから、3日も経たずに売れていきました。

その時、「家の中でも、定期検査を怠り病気になってしまっているモノがたくさんあるな」と思ったのです。埃をかぶったままのモノ、忘れ去られ、クローゼットの奥でつぶれている瀕死状態のモノ、そんな萎れてしまったモノに囲まれていたら、そこに住んでいる人もエネルギーが吸い取られてしまいます。

まずは、できるだけ奥にしまいこまないよう、すぐに取り出せる状態にしまい直し、その状態で、目で確認できる数に絞ることにしました。これは、クローゼットだけでなく、本棚、下駄箱、冷蔵庫も同じです。

また、大事なことは、モノを床に置かないことです。

あるお客様が「床にモノを置いたままにすると、やる気もお金も溜まらないわよ」と教えてくれました。毎日、使ったバッグを床に置いたままにしていた私は、ハッとしました。バッグは動き回る時に持つモノなので、運気を動かしてくれるモノだと言うのです。

それからは、バッグを床に置きっぱなしにするのではなく、フックに掛けて収納することにしました。床にモノを置いていないだけでも、部屋は広く感じます。

これら2つのルールを守れば、掃除もしやすく、動きまわることができるので、空気が動き、エネルギーが循環しやすいと感じます。すると、いいことがたくさんあります。

お金もエネルギーですから、循環して大きくなって戻ってきます。

人が健康でいるためには、健全に新陳代謝が行われないといけません。気も水も血も停滞させず循環させることで健康につながります。

家の中も同じです。「風がよく通る家は長持ちする」と言われていますね。

掃除や整理整頓することは、空気とエネルギーを循環させ、家やモノ、お金や健康、あらゆるものが病気になるのを防げると思います。

特に冬は、窓を閉めたまま過ごすことが多いので、外から帰ったら、暖房のスイッチを入れる前に一度窓を開けて、空気を循環させます。

生きていると、「何だか流れが悪いな」「停滞しているな」と感じる時があります。そんな時は、暮らしを見直すチャンスです。余計なモノは手放し、風通しをよくすることです。

あなたの部屋と心には、心地よい風が通り抜けていますか？

minimum action

モノは目で確認できる数に絞り、床には置かない。すると掃除がしやすくなり、空気とエネルギーが循環して、あらゆることが好転する。

way of life
called
minimum rich

3

時間とお金を生み出すモノの選び方

私は一時期、たくさんの服を持っていました。

たくさん持っていることは満足感を与えてくれると思っていました。

しかし、その満足感は買った時の一瞬だけでした。買ったあとの「高かったし、捨てられないな」という執着は、経済的にも精神的にも重くのしかかってきます。

「買う→手放せない→持ち続けるために更にお金を使う→虚しい→また買う」の悪循環です。

捨てることが苦手で溜め込んでいると、この悪循環に陥り、失うものがたくさんあります。

モノが増えたために新しい収納家具を買うことになったり、修理やメンテナンス代として多くのお金が出ていったという経験はありませんか？


私は、年に数回、クリーニング屋さんに洋服を家まで取りに来てもらうのですが、その額はだんだんと高額になり、気持ちを圧迫するようになっていきました。特に冬物は高額です。

モノが多いと精神的にも見えない圧を感じるということがわかりました。ダイエットできず、脂肪が溜まっているように体も重いのです。

そんなある時、後輩が「クリーニング屋さんと喧嘩をした」とすごい形相で怒って出勤してきました。

高級なアンゴラの入った毛足の長いロングコートをクリーニングに出したところ、ふかふかだった風合いが失われ、煎餅のような薄っぺらいモノになって戻ってきたというのです。

彼女は、「手仕上げのラグジュアリーコース」という、ワンランク上の金額のコースに出すお金がもったいないと、いつも通常料金のコースで出していたのです。

「コートをたくさん持っているから、クリーニング代がばかにならなくて」と言いました。その気持ちはよくわかります。しかし、ハイブランドのコートのように何十万もする品物は、その風合いをキープするためのメンテナンス代も当然かかるのです。

「クリーニング代をケチったために、20万円のコートが2万円のコートになってしまった」と嘆いていました。

高額のモノを買う時は、「これを維持するためのメンテナンス代が毎年かかっても欲しいのか？」と、レジに行く前に自分にもう一度、問いかけないといけません。

「もっと安いコートを買って、ワンシーズンで使い捨てればいいのでは？」と思うかもしれませんが、コートというアイテムは、一番上に羽織る、その人の顔です。

冬は、中に何を着ていても、コートの印象しか残りません。

また、人前で脱いだり着たり、預けたりと、最も人の目に留まるアイテムで、その人の分身でもあるのです。

ですから、レストランでコートを預ける時も、コートの印象がその人の印象となるでしょう。品格のある素敵なコートを羽織っていると、一目置かれることは間違いありません。

流行のコートをファストファッションで買ってワンシーズンだけ楽しむのも素敵ですが、大人の品格を保つには、上質なモノを吟味して選び、長く大切に着ることをお勧めします。

メンテナンス代がかかっても大切にしたいモノを選べるようになった時、人は成長できるのだと思います。時間をかけてモノを育てていくと、人もモノもいい表情になってきます。

モノには、時間やお金やエネルギーを吸い取っていく力も、与えてくれる力も両方あると実感しています。

せっかくなら、時間もお金もエネルギーも生み出す、付加価値の高いモノを手に入れたいと思いませんか？

忙しいワーキングマザーの友人は、ルンバやダイソンのドライヤーは「時産家電」、パン好きの後輩は、バルミューダのトースターは「満足家電」だと言い、「手に入れてから生活が潤った」と言います。

近年は、自分へのご褒美として、時間や価値を生み出してくれる、少し贅沢な家電を手に入れる人が多いのも納得できます。「なかなか手が出ない」と思う方も多いのですが、毎日の暮らしで大切にしたいことがわかっている人は、迷いなく選べるのだと思います。

大切なのは、普段から、「安いから」といって余計なモノを買わない習慣をつけることです。浪費せず、本当に満足できるモノに投資する。そうすれば、その大切なモノがお金や時間やエネルギーを生み出してくれます。

「安物買いの銭失い」にならないこと、本当に価値のあるモノを、長くメンテナンスしながら傍に置いて、質の高い満足感を味わいましょう。

余計なモノを持ちすぎることは何も生み出さず、エネルギーをすり減らしていくだけです。

手元に置くモノ、残すモノを厳選しながら暮らすことが、豊かな人生の始まりです。

minimum action

安いから買うのはやめ、上質なモノに投資する。ただし、「長く使えるか？」「メンテナンス代が毎年かかっても欲しいのか？」確認すること。

way of life
called
minimum rich

4

本当のセレブは「時間」と「ストーリー」にお金をかける

ある日、お客様の持っていたアンティークのバッグから目が離せなくなってしまったことがありました。

黒いクロコダイルの有名ブランドのバッグでしたが、金具のデザインの美しさと、歴史を感じさせる風格や存在感に圧倒されました。

そのお客様は、アンティークがお好きで、ジュエリーも家具もアンティークを集めていらっしゃいました。その時、「アンティークは価値が下がらない、時間が経つほど価値は上がっていく」と思いました。

モノは買った瞬間から価値が下がります。バッグも車も。けれど、特別なビンテージバッグやビンテージカーは、価値が上がっていき、財産となります。

ヨーロッパでは、歴史ある古い物件の方が高かったりします。そこに一歩足を踏み入れた途端、「時間」という膜が何層にも積み重なった芸術品のように思え、感嘆のため息が出ます。

新築では感じられない人のぬくもりや、空気をまとっています。

「時間」という目に見えない磨き砂で磨かれた風格が、そこにあるのです。

そのお客様は、アートやヨーロッパの歴史にも詳しく目利きでいらっしゃったので、美意識が高く、モノを選ぶ時は、「ストーリー」を大切にする方でした。

王族が愛したランプの灯りで過ごす時間は、とても優雅に感じると仰いました。

仕事が成功した時にパリで出会ったアンティークのバッグや、還暦の記念にと買ったアンティークの時計など……。お客様が大切にしているモノには、そのひとつひとつにストーリーがありました。

そのお客様のお話を聞くたび、私もストーリー性のあるモノに惹かれるようになりました。

ある時、店頭に入荷してきたバッグは、私が見た中では一番高額で、どうやって売っていこうかと考えていました。細く柔らかい革で細かく編まれた風合いは、手触りもなめらかで、よくしなり、丈夫そうで、「長く使うほど味の出るバッグだ」とひと目でわかりました。

このバッグの生まれた背景を知りたくて、直接バイヤーに電話をしました。詳しく聞いたところ、それはフィレンツェの伝統的な技法で編まれたものだとわかったのです。19世紀からフィレンツェの朝市で売られていた布のバッグもこの技法で編まれていて、「丈夫で長持ちする」と永年、市民に愛用されてきた、歴史ある技術が施されたモノだったのです。

その話を聞きながら、私はフィレンツェの街の匂いや空気を想像しました。歴史が息づいているこのバッグから、イタリアの文化の香りがしました。

それからというもの、このバッグを手に取ってくださったお客様にも、そのストーリーをお伝えすることができて、そのバッグは全部売れていったのです。

私が今、使っているお財布も、ココ・シャネルが育った修道院の壁の色が裏地に使われているのだと、販売員の方から聞き、購入したモノです。

その深いえんじ色を見るたび、ココ・シャネルの美意識や生き様を感じます。ですから、無造作に扱わず、愛着を持って大切に使うことができています。

大切な誰かから人生の節目でいただいたモノ、自分の思いとともに生き続けているモノ、そんなモノと一緒に生きていけたら、人生はより豊かになります。

少し高額なモノは、何かの記念の品として手に入れ、思い出とともに長く愛していく。そんな、時間とストーリーとともに胸に刻まれたモノは、特別な逸品になるのではないでしょうか。

minimum action

時間が価値になるモノや、特別なストーリーの中に位置づけられるモノは、愛着を持って大切にできる逸品になる。

way of life
called
minimum rich

5

非日常での上質なファッションと振る舞い

販売員として働いている時、当時、一番テンションの上がるイベントはファッションショーでした。ブランドの世界観が表現された空間に、セレブと言われる招待客が集う会場は、息が苦しくなるほどの濃密な空気に包まれ、ゴールドのキラキラとした粒子が舞っているようで、頭がくらくらしたことを覚えています。

そんなセレブなお客様たちのパーティファッションは、まさにミニマムリッチ。シンプルでありながら上質で、魅せ方を心得ていました。

ミニマムなバッグに特別感のある靴。パーティで目立つ女性は、必ずといっていいほど素敵な靴を履いています。大きなビジューがついたものや、光る素材、どこから見ても美しいフォルムで、フカフカの絨毯の上を美しい姿勢で優雅に歩いていました。

小さなバックは、ドレスのシルエットを邪魔することなく、コーディネイトのアクセントとなります。両手を空けておくと、食べ物や飲み物を取る所作も優雅になるのです。

また、広い会場のパーティでは、細かいディテールより全体のシルエットを重視したドレス選びが重要です。8等身のバランスを意識して髪は小さくまとめ、後ろ姿や横から見たシルエットも、美しく見えることが大事です。

これは歳を重ねた時に美しく見えるポイントと同じです。ディテールより全体のフォルムが重要なのです。目じりの皺を気にするより、フェイスラインのシャープさの方が大事です。レストランなどでの着席の場合は、腰から上の印象が大きいので、袖やネックラインのデザインを重視しますが、大きな会場では、3メートル先から見るシルエットが美しいことが存在感を際立たせ、華やかに魅せます。

それは、チャンスをも掴むことにつながると思います。そんなお客様は、ショーが終わってから、「あの方はどなた？」と聞かれることが多いのです。チャンスは、前からだけでなく、後ろからもやってくることを、セレブは知っているのだと思います。

ドレスだけでなく、立ち振る舞いや笑顔も、装いの一部です。堂々とした優雅な振る舞い、人と目があったら、ゆっくりと微笑む。ただファッションが素敵な人よりも、立ち振る舞いや笑顔も合わせて、トータルで洗練されている方のほうが、印象に残ります。

素敵な方は自分をよく知っていて、似合う装いをしていますし、声もゆったりとしていて、髪がキレイ、肌もつやつやで、いい匂いがしました。口数は少なく、その場の空気や空間を楽しんでおられるような落ち着いた雰囲気の方が多かったように思います。

そんな方は、たっぷりと手間をかけているのです。お金をかけただけでは、真の美意識は育ちません。美意識を育むのは生き方であり、毎日の暮らし方だからです。

こんな非日常の一瞬の場面に、日常は透けて見えるような気がしました。特別な場所でこそ、日常で育まれてきた品格は、その人のぶれない骨格として存在し、優美な光で人々を照らしていました。そんなお客様と出会えた時間は、私にとっての財産です。

minimum action

パーティなどの非日常の場面でこそ、ミニマムリッチな装いと立ち振る舞い、日常で育まれてきた品格が際立つ。

way of life
called
minimum rich

6

「足りない」と感じるのは、情報と選択肢が多すぎるから

音楽プロデューサーのつんくさんのつくった歌で「カレーライスの女」という印象的な歌があります。これは、「地方から東京に出てきた女の子が、就職して3〜4年経ち、『私にはなんもない』と思う歌だ」と、つんくさん自ら、テレビ番組で仰っていました。

日曜日の『サザエさん』が流れてくる時のさみしい気持ちでいる中、「でも、そういえば、たまに作ったカレーは、おいしいって言ってくれたな。その時は、幸せだったなぁ」と、恋愛していた頃のエピソードを思い出しているのです。

そして歌詞は、「たったこれだけでも 今の私の財産ね 東京に来てからの財産ね」と続きます。カレーがおいしいって言ってくれたことが財産だなんて、ちょっと泣けるなと共感できる、青春の甘酸っぱさが胸に染みる歌です。

サビは、「なんもない、なんもない」と繰り返し歌うのですが、私にはこのフレーズは、「なんでもある、なんでもある」に、聞こえます。なぜなら、この歌の女の子はまだ圧倒的に若く、これからなんでも手に入れられるからです。

「若いってことは、その手に1億円持っていると同じこと」と誰かが言いました。「時間を巻き戻して若さが手に入るなら、1億円出します」と言う人も大勢いるでしょう。私も「若さは大きな財産。未来も可能性もなんでもある」と思っています。

しかし、歳を重ねた今、あの頃持っていた1億円がゼロになってしまったとは思いません。持っていた1億円を自分に投資したり、他者と共有したりして、たくさんの経験や出会いを手に入れてきたからです。

とはいえ私も、35歳を過ぎたあたりから、「いったい私は、これまでに何を手に入れたんだろう」と、自分の人生を振り返り、「何も持ってない」と焦った時期がありました。

一旦立ち止まり、自分の持ち物を改めて見直したり、人の持ち物が気になったりする年頃なのかもしれません。

特に、今は知りたくなくても、毎日SNSで、「結婚しました」「子供ができました」「家を買いました」という他者の「手に入れた宣言」や情報を受け取り、「私は、これでいいの?」と不安になったりします。40歳を前に、「何か結果を残したい、誇れるものが欲しい」と、ここまでの成果を確認したくなっているのです。

けれど、「何も持っていないのでは？」という不安は杞憂でした。実は私たちは、たくさんのものを持っていると、ある日気づいたのです。

「ない」に焦点を当てると、「ない」という現実が目の前にどーんと現れるから、そう思うだけでした。「ない」と感じることがあるのは、どんな人も同じで、あのマドンナでも「プライベートジェットが2台しかないわ」と嘆いているかもしれません。

「ある」と思って、改めて「ある」を数えてみると、とてもたくさんのものを持っていると気づくのではないでしょうか。

どんな小さな「ある」でもいいのです。ハードルを低くすると、今の不安を飛び越えていけます。「明日、起きて行く場所がある」「あたたかい寝床がある」「落ちこんだ時、話を聴いてくれる友人がいる」と、「ある」をたくさん数えられると「ある状態」が、次々にどんどん押し寄せてきます。同じものが、同じものを呼び寄せるからです。

「お金がない」と言っていると、「ない状態」になります。

「仕事はある」と思っていると「ある状態」がやってきます。

ないことを面白がっていると、面白いことがやってきますし、ないことを楽しめると、楽しいことがやってくるんだと思います。

毎日、「あるもの」を数えることが上手になると、数えた分だけ幸せがやってきます。

こうして、かつて、「カレーライスの女」だった私も、今では、たくさんのレパートリーが増えました。

minimum action

「なにもない」と不安になるのは、「ない」に焦点を当てているだけ。自分なりの小さな「ある」を数えていれば、自信と幸せが増えていく。

way of life
called
minimum rich

7

上手くいかない時は、お金と時間を見直すチャンス

働き方改革が試行され、夜の英会話教室やカルチャースクールは大人気だと聞きます。空いた時間で昔からやりたかったことに挑戦したり、副業を始めたりと、本当に好きなこと、ワクワクすることにはエネルギーも湧いてくるのでしょう。

何にどれくらいお金と時間を使うかが、未来を決めます。

よく、お金を使う時、「これは生き金」、「あれは死に金」と思うことがあります。自分のスキルアップに使うお金や、周りの人が喜んでくれることに使うお金は生き金だし、料理人の愛のこもっていない外食代や、噂話や愚痴ばかりの飲み会の参加費は、死に金です。

人は、お金の稼ぎ方よりも、使い方にその人のパーソナリティが出ます。お金は気持ちよく送り出したいものです。

また、時間は人生における最高のギフトなので、大切な人のために使います。惜しみなく差し出し、一緒に味わいたいと思います。

生きているお金や時間を気持ちよく送り出している時は、きっと上手くいっている時です。上手くいっているから、お金や時間を送り出せるのか、お金や時間を送り出しているから、上手くいくのかは、「にわとりが先か、卵が先か」という話になってしまいますが、上手くいかない時は、「自分の心がワクワクしていない」「誰かの役に立っていない」時なのでしょう。とてもシンプルです。自分と他者のワクワクを積み重ねていけば、お金も時間も後からついてきます。エネルギーは、波動の高いところに集まってきますから。

昔は、物々交換が基本でした。お金を安易に使わずに、お金の価値と同等に交換できるものか考え抜いて使いましょう。それは、ケチケチすることではありません。

「安いからという理由だけで買わない」「長く大切にできる上質なモノを選ぶ」

この2つのルールを守るだけでも余計なものにお金を使わなくなります。お金を整えると、心も整います。

時間を気持ちよく送り出す方法は、「やること」と「やらないこと」を決めることです。心を整えるためにやる「TO DOリスト」と、心を乱すから、やらない「NOT TO DOリスト」をマイルールにします。

例えば、
「朝一番に窓を開けて深呼吸する」「寝る前に飲む一杯のハーブティ」＝ＴＯ ＤＯ
「30分以上ＳＮＳを見続ける」「脱いだ服を放置」＝ＮＯＴ ＴＯ ＤＯ
など、自分の心が整うマイルールです。
落ちこんだ時に自分なりの「心を整えるやり方」を知っていると、めげている時間からの切り替えが早くなります。めげているだけの時間は、何も生み出さないから、マイルールで切り替えていきましょう。

minimum action

お金は「お金の価値と同等に交換できるか考え抜く」、時間は「やることとやらないことを決める」をルールに、気持ちよく送り出す。

way of life
called
minimum rich

8

お金では買えない時間を過ごす豊かさ

執筆を仕事にするようになってから、家で過ごす時間がより多くなりました。

これまでは、時間があれば、外へ外へと刺激を求めて出ていく暮らしをしていました。

「家に2日以上いたら退屈で死んでしまう」とさえ、思っていました。

今あるものでは満足できないと、より多くのものを求めて走り回っていました。

けれど、今は、「家で過ごす時間にこそ、本当の幸せはあるのではないか」と思うようになりました。まるで、青い鳥を探しに出かけたチルチルとミチルの童話のようです。

非日常の刺激は、一瞬の虹のように華やかで心躍るものですが、日常の幸せは、やさしく降り注ぐ陽の光のように、そして暗い夜空に広がる満天の星のように、あたたかで小さなきらめきに満ちています。

そう思えるのは、決して広くはない家の中で、限られた空間で、いかに快適に幸せに暮らすかを考えられるようになったからだと思います。

家で過ごす時間が豊かに感じるようになったきっかけは、昔出会った、デンマークの照明です。ダイニングテーブルの上に低い位置まで垂らす、ペンダントライトです。

日照時間の短い北欧では、照明を大事にします。近年では、日本でも北欧家具は大人気ですが、「ペンダントライトだけで食事をする」なんて、当時の私にはとても新鮮でした。そのスタイルになかなか慣れず、よく頭をぶつけていたことを思い出します。

照明は、暮らしを演出してくれる最高のプロデューサーです。テーブルはまるで舞台のようになり、スポットライトを浴びた料理は活き活きとして、おいしそうに見えました。

それからというもの、リビングの照明を暖色系のフロアスタンドひとつにし、薄暗くあたたかい空間でくつろぐことを覚えました。夜の時間の少しの間、暗い場所と明るい場所とのメリハリをつけるだけでも、空間はドラマチックになります。

家での時間を見直すと、日常に小さな喜びを感じるようになります。「期待値をあまり高く持たない」ということでしょうか。限られた中で快適に過ごす方法を考えるようになります。毎日、同じように続く、当たり前の日常は一見、「地味で普通」ですが、「私らしく」を追求していくと、心地よく満たされていきます。

「地味で普通だけど、私らしい」は、実は最強なのです。

未来は今の連続だから、今の日常がハッピーなら、これからもハッピーだと思えます。

お金をかけなくとも、一輪の花を飾るだけで心は華やぎますし、小さなキャンドルの灯りひとつで癒されます。質のいいオリーブオイルをかけて食べるサラダはとてもおいしいですし、お気に入りの上質なタオルを使うと心も柔らかくなります。

すべてにお金をかける必要はありません。使うところと使わないところを決めることで、快適な暮らしは手に入ります。

minimum action

家で過ごす時間にこそ、幸せのヒントが隠されている。限られた空間で快適に暮らすひと工夫を考えてみる。

minimum rich column 2

遊び心と生命力に満ちたブルガリ・スネーク

ブルガリのアイコンである蛇をモチーフとした時計、セルペンティは、「ブルガリ・スネーク」と呼ばれています。蛇のような優雅な曲線のブレスレットが手に巻き付くような形で、陽に焼けたイタリアンマダムの迫力ある手につけると、ゴージャスなだけではなく、遊び心と生命力を感じる時計です。

はじめて見た時のあの圧倒的な存在感は、今でも忘れられません。「私には無理」と、ブルガリのゴージャスな世界観にあとずさりしてしまったほどです。

ヨーロッパの大人の女性は、若い女性が真似できない、熟成した雰囲気と洗練されたオーラに満ちているので、この時計にはイタリアの大人女性が持つ底力を感じたのです。

「この時計が似合うようになるには、かなりハードルが高いな」と感じていました。

さりげなく、普通にカッコよくつけるには、多くの経験値とおしゃれ偏差値の高さが必要だと思ったのです。


そんな風に思っていた時、あるお客様が、白いシャツとデニムというシンプルなコーディネイトにさらっと、カジュアルにつけていらっしゃったのを見て、「カッコイイな」と思いました。

そのお客様は、色白で小柄、華奢でスレンダーな体型、ウルフカットのさらさらの髪が印象的で、元キャンデーズで女優の伊藤蘭さんのような方でした。

この時計は、骨格がしっかりした、焼けた肌のイタリアンマダムの腕に似合うという先入観がありましたので、そのお客様の腕に、この時計が見えた時は最初、意外に感じました。

けれど、堂々とした立ち振る舞いが印象的で、コケティッシュな魅力のあるそのお客様のおしゃれは、小物使いに個性が光っていました。慎重に見えて大胆、真面目そうでお茶目、いい意味でギャップのあるお客様に、ぴったりかもしれないと思ったのです。

年齢を重ねても、何とも言えないかわいらしさがあり、リスのようによく笑い、好奇心が旺盛で、いつも新しいことを教えてくれる素敵な女性でした。

私には、お客様の目じりの皺や手の皺にも、幸運が刻まれているように見えて、その時計のオーラと共鳴しているのを感じました。

蛇は縁起がいいとされ、金運を始め、富や繁栄、生命力の象徴とも言われていますが、この蛇のパワーに負けないくらいの自分軸とオーラを持っていらっしゃったように思います。

ブルガリ・スネークは、新しいモデルも次々と登場していて、ブレスレット感覚で長く愛用できる大人の時計。私もいつか、シルバーヘアになったら、この生命力のある時計を、ぜひつけてみたいと思っています。

今まで生きてきた時間や自分の年輪を肯定し、パワーを放つ究極の時計なのです。

minimum actions for a minimum rich life

- 小さな「マイフェバリットコーナー」をつくり、そこだけはキレイに保つ。

  - モノは目で確認できる数に絞り、床には置かない。すると掃除がしやすくなり、空気とエネルギーが循環して、あらゆることが好転する。

- 安いから買うのはやめ、上質なモノに投資する。ただし、「長く使えるか?」「メンテナンス代が毎年かかっても欲しいのか?」確認すること。

  - 時間が価値になるモノや、特別なストーリーの中に位置づけられるモノは、愛着を持って大切にできる逸品になる。

- パーティなどの非日常の場面でこそ、ミニマムリッチな装いと立ち振る舞い、日常で育まれてきた品格が際立つ。

  - 「なにもない」と不安になるのは、「ない」に焦点を当てているだけ。自分なりの小さな「ある」を数えていれば、自信と幸せが増えていく。

- お金は「お金の価値と同等に交換できるか考え抜く」、時間は「やることとやらないことを決める」をルールに、気持ちよく送り出す。

  - 家で過ごす時間にこそ、幸せのヒントが隠されている。限られた空間で快適に暮らすひと工夫を考えてみる。

chapter

3

上質を見極める買い物のルール

魅力的なモノがあふれる世の中、
本当に自分を豊かにしてくれるものを選ぶために。

way of life
called
minimum rich

1

本当に豊かな人は「買わない」選択をする

「質のよくないものを買うほど私は金持ちではない」というユダヤのことわざがあります。

確かに、安いというだけで飛びついたものの、すぐに使わなくなったり、壊れたりと、安いけれど質のよくないものを買うことが散財の原因だったりしませんか？

「質のよいものは少々高くても長持ちするので、結局コスパがよい」と実感している品があります。

それは、私が愛用している上質なシルクウールのストールです。肌触りがよくあたたかく、朝夕の気温変化や冷房対策にも活躍してくれるので、真夏日以外、愛用しています。

天気が安定しない昨今、ストールは使用頻度が高くなったアイテムのひとつです。手放せないシーンが多いので、少々高くても本当に満足できるモノを選びたいと思っていました。

モノを買う時の判断基準は、「日常で、どれだけの登場シーンがあるか」を考えます。

6万円のストールは、「ちょっと高いな」と最初は思ったのですが、年間200日以上使うなら、60000円÷200日＝300円。1日あたり300円のコストです。コーヒーを1杯飲むくらいの満足感は与えてくれる肌触り、品質だと思い購入しました。もう5年も愛用しています。1日あたり、すでに60円になったと思うと、いい買い物をしたと思います。

登場シーンを考える時の手助けになるのは、「心地よさ」です。ストールなら肌触り、靴なら履き心地、洋服なら着心地を重視します。朝、出かける時に、「やっぱり今日もこれ」と無意識に手に取り、リピートするモノは、「快適」だと感じているからです。

心地よさ、快適さを重視して選んだモノは、元が取れるくらい、登場回数は多くなります。ですから「高いから」という理由だけで妥協して、安いモノを買うくらいなら、買わない方が賢い選択だと思います。


まずは、値段を見ずに、本当に欲しいと思うモノを選んでみてください。

もちろん、実際に試着してみないと、「心地よさ」という一番の付加価値はわかりません。

そして、心地よさの他に、どこに惹かれたのか、他のモノにはないよさはどこかを3つ挙げます。

そして、その3つを満たすモノが、他にもあるかどうか探してみます。

他に3つの条件を満たすモノがなければ、それは運命の出会いです。少々高くても大事にしますし、勘定と感情の両方を満足させるでしょう。

買い物は、「量より質」を大事にします。

そうすると、どうしても決めるまでに少し時間がかかってしまうと思いますが、「これだ」と決めたとき、本当の満足感が手に入ります。

時間をかけて、自ら選んだものには、愛着を感じます。

「欲しい」と、気持ちが高ぶっている時は、一旦、時間をおいて、冷静に考えてみます。そうすると、「やっぱりいらない」と熱が冷めることも多いものです。

「欲しい」と購買意欲を刺激させるものは、街にもインターネットにも溢れかえっています。

新商品が出ると、日々、魅力的な宣伝や広告が目に入ってきますから、このマーケティング戦略に、ただむやみに踊らされることは危険です。

新商品という言葉に飛びついて買ってみたけれど、新しい機能をうまく使いこなせず、ストレスを感じて、結局、今まで使っていた古いモノを引っ張り出した……という経験はないでしょうか？

家にも、魅力的な化粧品の新商品のカタログやDMがどんどん送られてきます。技術が進化し、いろいろな成分が入ったクリームや美容液が発売されます。サンプルを試すのは楽しいですが、どんどん新商品発売のサイクルが早くなっていて、ついていけなくなっています。

そんな時、あの青い缶でおなじみの『ニベアクリーム』が迷った時には頼れると思ったことがあります。昔からなじんでいるモノ、長く愛されているモノ、定番といわれるモノには、「信頼、安心」といった心理的要素もあるとは思いますが、ちゃんとした理由や根拠があります。

やはり質がよいから、長く愛されているのです。際立った特徴はないかもしれませんが、丈夫で長持ち、便利でコスパもよく、安定したクオリティを提供してくれます。ですから、「迷った時は、定番を選べば間違いない」というのは、私の持論です。

大げさかもしれませんが、新商品に飛びついてばかりいると、自分の軸がいつまでたっても持てません。

新しいモノをむやみやたらに追い求めず、量を増やさず、質を見極めていくことは、自分軸をつくってくれるのではないかと思っています。

「私、買えないのではなくて、買わないのです」と胸を張って言えるようになりたいですね。

minimum action

むやみにものを買わず、「使用頻度」「使い心地」「他にはないよさが3つあるか」をチェックする。迷った時は、定番を選ぶ。

way of life
called
minimum rich

2

決断疲れせずに最高の選択をするには

日々の暮らしは決断の連続です。

「今日、何を着ていくか?」「ランチに何を食べるか?」といった小さな選択から、人生を左右するような重大な選択まで、多くの決断に神経をすり減らす毎日です。

情報もモノも溢れている今、選択肢は膨大で、あればあるほど、私たちは疲弊していきます。「これしかない」と言われる方が、ラクなのかもしれません。

昔、倉庫のように広い店内に、色とりどりのフリースが天井までぎっしり並べられている前で、途方に暮れたことがあります。選ぶ楽しみより、疲労感の方が大きく、結局、買わずに立ち去りました。この中から1着を選ぶことは永遠に不可能のような気がしました。

今なら間違いなく、定番の白か黒、もしくはネイビーを選ぶので迷うことはありませんが、「新色の方が新鮮かな?」「たまには違う色がいいかな?」と、当時は揺れるばかりでした。

ですから、販売員をしていた時も、種類があればあるほど、お客様は迷われて、買わずに立ち去るだろうと思っていました。

そこで気をつけていたことがあります。

どんなシーンでどんな風に使いたいのか、ご希望やニーズをお聞きして、3つまでに絞って差し上げることです。そして、それぞれの商品のメリット、デメリットを的確にお伝えすると、自然と選んでいただけました。

買い物をする時は、「こんなシーンで」「こんな使い方をしたい」「こんなものと合わせたい」ということを、あらかじめイメージしておき、選択肢を絞っていくことです。

現代の私たちは、「決める」ということがストレスになっているのではないでしょうか？洋服から生き方まで、選択肢が多すぎることは不安の元です。ストレスを感じ、心がだんだん不安定になります。常に天井まで並んだ色とりどりのフリースを見上げている状態です。

決断しなければならない場面が多いから、知らない誰かの書いた口コミを信じて、安易にポチッと購入ボタンを押していませんか？「安いから」というだけで決断していませんか？

安易に買っては飽きて、また欲しくなっては買い、要らなくなって捨てる、を繰り返していくと、永遠に「本当に満足する決断ができない、不安スパイラル」から抜け出せなくなってしまいます。このスパイラルに陥ると、自分の方向性さえ見失う恐れがあります。

本当に満足したものを選択できた時、自分の方向性がわかり、自信となります。

「誰が何と言ってもこれが最高」と言えるものを選べるようになるには、まずは自分のことをよく知ることです。何が快適で、何が不快なのか、ひとりの時間に心の声をしっかり聴いて、それをごまかさないことです。何度も時間をかけて吟味することになりますが、この「よく聴く」「よく見る」プロセスが大事なのです。

20代の頃は、よく友人と一緒に買い物に出かけました。流行のモノを次々と手に入れ、盛り上がっていましたが、二人で出かけると、どうしても友人の持ち物が羨ましくなり、同じモノを買ってしまいます。だんだんと何が自分らしさなのかがわからなくなり、「こんなことを繰り返していたら、生き方までブレてしまうな」と思ったことがあります。

それぞれの個性があるから、似合うモノは違います。なので、買い物はひとりで行くことをお勧めします。どんなに流行していても、「私らしくないモノには手を出さない」「質の悪いモノは買わない」「納得いくまで試着する」、そんなマイルールを決めると、時間をかけても本当に価値のあるモノを見極めることができ、最高の選択ができるようになっていきます。

流行遅れになることなど、心配しなくてよいのです。

いつの時代も自分らしく、質のよいモノを着ている人は、一目置かれます。

情報を鵜呑みにするのではなく、実物を自分の目で見て、生地を触ったり、着心地を確かめることをしなければ、本当によいモノは見極められません。

時間をかけても、質の高いモノを選んでいくプロセスは、「私」で生きていくことにつながります。

minimum action

買い物のコツ。使う場面をイメージしておく。ひとりで行く。安いモノや流行に流されない。心の声を聴き、自分らしいモノだけを、時間をかけて吟味すること。

way of life
called
minimum rich

3

なぜか高見えする人の買い物術

私が憧れたお客様は、ビンテージのエルメスのジャケットに、無印良品のオーガニックコットンのTシャツというスタイルでした。

今でいう「高見えコーディネイト」です。1点だけ目をひく、コーディネイトの核になるモノ以外はリーズナブルなモノでした。もちろん、そのお客様が高見えしていたのは、贅肉のない均整の取れたプロポーションだったことも大きいのですが、「コーディネイトは、抑えるべきところを抑えていれば、品格が保てる」と思ったのです。その時、30代だった私は、これからは「品格」や「洗練」を意識する着こなしを目指したいと思いました。

多くの洗練された女性の買い物術に共通していたことは、メリハリをつけることでした。

例えば、10万円の予算で上から下までコーディネイトするなら、2万円のモノを5点買うより、8万円のモノを1点と、5千円のモノを4枚買うことをお勧めします。

なぜなら、前者は、「2万円の人」になってしまうからです。同じ予算なのに、後者は、「8万円の人」になります。

この8万円のモノを選ぶ時は、きっと考え抜きますよね？「自分の体型に似合っているか」「色は飽きないか」「素材は上質か」「5年以上は着るか」など、安易に選ばないはずです。そんな一着は着続けるほどに私らしくなじみ、なくてはならない相棒となります。

そんな一着を身につけていると自信がつき、所作も洗練されていきます。

買い物術に影響を受けた女性がもうひとりいます。当時、私は20代、有名なスタイリストさんのアシスタントのアルバイトをしたことがありました。

その女性は40代、乗りに乗っている頃で、分刻みのスケジュールの売れっ子でしたから、プライベートな買い物も頼まれていました。ある時、「化粧品を買ってきてほしい」とメモを渡されました。そのメモを見て驚いたのですが、洗顔せっけんは、ドラッグストアで売っているハチミツ入りの500円くらいのモノ、化粧水もヘチマコロンとリーズナブルなモノでしたが、クリームだけは2万円以上もする高級なモノでした。

その女性は華やかでゴージャス、美しい肌に隙のないメイクがトレードマークだったので「500円の化粧品なんて」と驚きました。このメリハリをつけた買い物の仕方は、若い私には衝撃的で、「なるほど」と勉強になったことを覚えています。

経営者としても辣腕をふるっていたその方は、「大切なところには惜しみなく投資し、他にも同じような効果が期待できるものは、徹底的にコストを抑える」という姿勢がありました。

当時、薄給だった私は、いつも「お金がない」と嘆いていましたが、自分の使える範囲の予算内で、ちょっと贅沢するモノと、節約するモノを見極めれば、それなりに満足できることを学んだのです。これは、当時、学んだ私のお金への接し方であり、今でも実践するミニマムリッチな買い物術でもあります。

minimum action

高見えする人は、メリハリのある買い物をする。選び抜いた重要なアイテムにだけお金をかければ、他はコスパ重視でも大丈夫。

way of life
called
minimum rich

4

上質なものの見分け方は「細部」にある

テレビの通販番組を観ていると、高級な革のバッグが1万円台と破格の値段で紹介されていることがあります。もちろん大量生産でコストを抑えていることもありますが、よく見てみると、金具やチェーンなどのパーツが、ほとんどついていなかったりします。

同じ素材のバッグでも、1万円と3万円の差はパーツの値段の差だということが多いのです。

店頭に並んでいて、「いいな」と目に留まるバッグは、たいてい、バッグの底に、置いた時に足になるような金具（底鋲）がついていて、チェーンやファスナーも上等、ファスナーの先端についた持ち手（スライダー）も、しっかりした存在感のあるモノです。同じ素材、デザインならパーツのクオリティがバッグの値段を吊り上げます。ですので、「パーツは、その商品の格を決める」と言ってもいいと思います。

安っぽいパーツがついたモノは、全体の印象がチープになります。いくら上質な革であっても、パーツひとつで大きな差が出るので、これが値段の差だと考えると、選ぶ基準が見えてくるのではないでしょうか。

ポイントは、どこまで細部のクオリティを重視するかです。

私は、素材や色が気に入った時は、パーツがなくても十分なので、値段が抑えられているモノを選びます。けれど、バッグ自体の存在感、品格を重視する時は、「パーツが安っぽくないか？」を見極めて選びます。

美しいステッチが入っていたり、職人さんの細かい技術が詰まっているモノは、当然のことながら、即、決断できないようなお値段です。

丁寧に時間をかけて仕上げられたモノは、丈夫で上質、独特のオーラを放っていますから、パーツの良し悪し以上に存在感があります。これが、値段のランクに反映します。

洋服も同じです。ファストファッションで試着してみて、素材やデザインが気に入っても、ボタンが安っぽいと思う時は、要注意です。値段以上に安っぽく、残念な印象になってしまいます。

インナーに着る洋服や1年で買い替える化粧ポーチなどは、素材や機能性、コスパ重視で、パーツのないモノを選ぶ。一番外側に着るコートやジャケット、バッグなど印象を左右するモノは、格の高いパーツや高度な技術が施されたモノを選ぶことをお勧めします。

品格は、細部に宿ります。

細かいところにこだわりがあったり、手が掛かっていることが、品格を感じさせます。

人も同じです。ビジネスマナーでは、「品格は端に宿る」と言われています。

指先（爪）や足元（靴）といった一番目線から遠いところまで気を配っていることが、品格を生み出します。

細やかなところまで配慮が行き届く感性を磨くことが、上質なモノを見極めることにつながるのではないでしょうか。


「上質なモノと、そうでないモノとの違いが、あまりよくわからない」という方は、一度、洋服やバッグをオーダーメイドしてみるとよいでしょう。

素材やボタンをグレードアップすると、プラスいくらと、細かくランクを目で見て、知ることができます。

どこまで細部にこだわるかで、値段が変わってきますので、今後の買い物の値段の目安になるでしょう。

目利きになれば、ムダな時間やお金やエネルギーを消費しません。まずは、「上質なモノを選ぶ時間」を大切にしてみてはいかがでしょうか。上質なモノを身につけていると、表情も仕草もエレガントに見えます。

「一見、普通だけれど上質なモノ」は、無理をしなくとも、あなたを聡明で品格ある女性として育ててくれるのです。

minimum action

品格は細部に宿る。上質なモノはパーツのクオリティに、上品な人は指先や足元の手入れにこだわっている。

way of life
called
minimum rich

5

「定番品」への憧れと信頼

店頭に新作が到着するたび、百貨店の外商部の方と、外商顧客様のお宅へ商品をお持ちしていたことがあります。外商というのは、売り場の外での商売のことです。何代にも渡ってお付き合いのある富裕層のお宅が多く、宝飾品やバッグ、時計などの高級品だけでなく、店頭では扱っていない品、なかなか手に入らない一点モノを探してお持ちすることもあります。

当時の私は、新作の限定バッグをいち早く、お客様にお届けしていたのですが、「昨年もあんなにたくさん新作を買ってくださったのに、今シーズンもまた、こんなに新作を買っていただけるなんて」と、感謝の気持ちとともに、正直、驚きもありました。

ある時、外商の方が「富裕層の方々は、パーティなど人前に出る時、ブランドの新作バッグを持っていることは、『今年も新作が買えるほど潤っている』『ビジネスは好調だ』と周囲に知らしめる為でもある」というようなことを仰っていて、「なるほど」と納得したのです。お客様は、昨年のバッグはリサイクルに出したり、どなかに譲って差し上げて、毎年、特別感のある新作をお持ちになって出かけるのです。

この「毎年、買い替える」というマーケットが、ブランドビジネスには大きいと思ったのは、修理の面です。私は、新作のバッグを何年か経ってから修理に出そうとしたことがありましたが、その際、「全く同じパーツは、用意できない」と言われたことがありました。バッグについているビーズやリボンを、無くしたりすると、同じモノが用意できないケースがあるのです。どんどん新作が出る中で、いつまでも膨大な種類のパーツを工房でストックしきれないということもありますが、富裕層の方々の「新作をいち早く買い、1年経てばリサイクルに出し、また新しいモノを買うというマーケットが存在するからなのでは?」と思ったのです。

もちろん、すべてのパーツがなくなる訳ではありません。特殊なモノを除けば、同じようなパーツは用意できるはずです。しかし、富裕層のお客様は特別感を重視されますから、日本には数点しかない限定品など、特別なパーツがついていて全く同じモノが用意できない場合、別のパーツをつけることは「デザイン変更」になるため、難しいのです。

ですから、新鮮な気分や特別感を楽しみ、リサイクルに出すなら新作の限定品を、長く愛用していくなら定番がお勧めです。

私はブランド品の「定番」と呼ばれている品に憧れと信頼があります。昔から多くの人々に長く愛されてきた定番には、リピートされ続けてきた理由があります。デザインが秀逸で美術館に展示されているモノもありますし、数々のスターが愛した歴史やその国の文化が息づいているモノもあります。

そんな歴史や背景を感じる定番には、強い力が宿っている気がして、パワーをもらえるのです。

ぜひとも、自分だけの「マイ定番」をつくってみてください。何年経っても好きなバッグや、週末に行くお気に入りのカフェ、いつもの香水と、何回もリピートしているものは、決まっているのではないでしょうか。

それは、「私らしさ」を奏でてくれるものです。そんなリピートしているものを、時間をかけてずっと大事にしていきませんか。

お気に入りと出会ったら、浮気しない、比較しないことです。「もっともっと」と、１００％の満足感、完璧を目指しても、きりがありません。80％満足できるなら、このあたりでＯＫと、自ら選択肢を狭くしていくことも、「比較級の幸せ」から脱出できるひとつの方法です。

「マイ定番」を持っていることは、生きていくうえでの自信になります。人と比較しない自分づくりは、この「マイ定番」をつくることから始めてみましょう。

minimum action

新作の限定品は、新鮮な気分を楽しむためのもの。長く愛用したいなら、自分だけの「マイ定番」を大切に。

way of life
called
minimum rich

6

ブランド品との付き合い方

毎日のコーディネイトを品格ある仕上げにしてくれるポイントは、何といっても上質なレザーのブランドバッグです。

ブランドとは、信頼の証ですから、上質であることは間違いありません。

ファッション雑誌で「オフィスでの一週間着回し術」のような特集をよく見かけますが、よく見ると、洋服はデイリーに使えるプチプラアイテムばかりのコーディネイトでも、バッグだけはクオリティの高いモノを合わせていることが多いものです。上質なバッグで仕上げをすれば、品格が漂うのです。

しかし、なかなか手の出ない値段のブランドバッグですから、中古品をサイトで検索し、安くなっているモノを手に入れようという方は多いと思います。

けれど、私は、憧れのブランドバッグは、インターネットやブランド品のリサイクルショップで買うことはありません。

もちろん正規の値段よりは安くてお得に感じるかもしれませんが、デザイナーの精神性が感じられる特別の品は、大きな仕事を成し遂げた時や、旅行の記念など、記憶に残る思い出とともに買うことにしています。

はじめて、グッチのバンブーバッグを買った時は、グッチに就職して間もない頃でした。「このバッグの世界観をこれからは伝えていく側になるんだ」と、背筋が伸びたことを覚えています。このバッグを見ると、あの日、はじめて制服を着て、緊張しながら立っていた自分の姿を思い出し、初心に返ります。

そして、生き方に感銘を受けたココ・シャネルの精神性が感じられるチェーンバッグは、35歳の誕生日に買いました。もう若くはないと焦りを感じ始めた頃、「生き生きとしていれば、醜いということはない」というココ・シャネルの言葉に触発されました。モチベーションが上がる、お守りのように大切にしています。今でも、「愚痴や不満だらけの生き方をしていたら輝くことはない」と教えてくれるバッグです。

作り手や買い手の思いが詰まったモノは、精神が宿っていますから、特別感を与えてくれます。

ブランド品は、人生の節目、節目で手に入れ、その思い出とともに、一緒に生きていくと決めて買います。そんなバッグは、娘から孫へと、代々、生き方とともに語り継いでいける品になるのではないでしょうか。

minimum action

ブランド品が特別なのは、作り手と買い手の精神が宿っているから。人生の節目で手に入れれば、買った時の思い出とともに生きていける。

way of life
called
minimum rich

7

洗練された人は、いつも同じ服を着ている

ファッション誌『VOGUE』のアメリカ版編集長であり、映画『プラダを着た悪魔』に登場する鬼編集長のモデルになったと言われるアナ・ウインターは、ファッション界で最も影響力のある女帝として知られています。

毎年、流行を取り入れた洗練されたファッションは注目の的ですが、ヘアスタイルはずっと昔から変わらずショートボブ、足元は、夏はベージュのサンダル、冬は黒のロングブーツを定番のように愛用しています。

ボブスタイルと、この2足は、どんなファッションにも合うものなのだと、おしゃれなスナップ写真を眺めながら思っていました。特に、注目したのは、ベージュのサンダルです。女子のフィギュアスケート選手も、ベージュのスケート靴を履いています。どんな洋服にも合い、足長効果、美脚効果も期待でき、年中、活躍してくれます。

それからというもの、私も、自分の足に合うベージュの靴3足を年中愛用しています。

あるカラーコーディネーターの女性は、「人と会う時は、赤の服しか着ない」と仰っていました。「いつも同じ色の服を着ていることで自分のことを覚えてもらいやすいし、赤は華やかで快活な印象を与えるから」ということでした。

私もベースカラーは、白と決めています。顔が明るく見えますし、清潔感と上品さを兼ね備えた白は、どんなシーンでも相手への敬意を示す特別感があります。

白をベースに、仕事の時は、ネイビー、もしくはベージュを合わせ、差し色でペールトーンのピンクをプラスします。白、ネイビー、ベージュ、ピンクしか基本的には着ないと決めておけば、コーディネイトがラクです。クローゼットの中は、すべて使える服になるからです。

使える服だけにしておくと、コーディネイトに迷うムダな時間を使うこともありませんし、「今日はハズした」とか「何だか変な着こなし」「いつもと印象が違う」ということになりません。

自分に合っている色やデザインを決めることで、自分のトレードマークとして、周りの人にも浸透していき、それが「マイスタイル」となっていきます。

「スタイルのある人」とは、自分に似合うモノを知っているから、いつも同じような服を着いて、いつも同じ印象なので安心感があります。いつも「その人らしい」から、ブレていないから、存在感を放つのだと思います。

プロにパーソナルカラー診断や買い物同行をしてもらうのも、洋服選びに迷わないひとつの方法です。なぜなら、「捨てる色、捨てる素材、捨てるアイテム」が明確になるからです。今は、百貨店でも専門のカラーや骨格診断のプロが常駐しているところもありますから、利用してみると発見があります。

何十年も鏡の前でいろんな色を自分の顔にあてて試しているわけですから、似合う色、似合わない色は自分で何となくわかっているはずですので、その確認になるでしょう。

ただ、カラー診断を受けた方の「あるある」ですが、「似合う色」と診断された色が、「好きな色」ではなく、その色の洋服を買っても結局、着なかったという声も多いのです。

女性の色選びは心理的要素も大きいので、似合うと診断された色の中から、好きな色を選んで取り入れることをお勧めします。

私は、肌がブルーベースなので、白、ネイビー、ピンクベージュ、ペールピンクを選びます。イエローベースの方も、白、ネイビーは王道ですし、明るいサンドベージュやオレンジがかったサーモンピンクが似合います。少しトーンを変えれば、好きな色が似合う色になります。

「いつもは選ばないけれど、今シーズンはなぜか惹かれる色」もあります。これは、今の気持ちと一致していることが多いはずです。「人とのコミュニケーションを活発にしたい時はオレンジ」「安定を求めている時はブラウン」などです。そんな時は、その色を小物で取り入れてはいかがでしょうか？　ワードローブにない新しい色の洋服を買ってしまうと、その色に合わせて、また洋服を買うことになってしまうからです。

大事なのは、試行錯誤しながらも、自分の「制服」のようなルックや、長年、飽きない定番色を見つけることです。自分の「スタイル」が見つかれば、流行のアイテムや色に惑わされることもありませんし、あれもこれもと目移りしなくなります。

自分のスタイルを持っている人は、「アイコン」と呼ばれる象徴的なアイテムを愛用しています。

『ロジェ・ヴィヴィエ』というブランドの、美しいバックルのついた靴しか履かなかったスタイリストの女性は、その靴が彼女の「アイコン」でした。

アイコンと呼ばれる象徴的な品を持つことで、それは自分を表現するツールになります。変わることなく、長く愛していく品を見つけると、心が安定し自信になります。あなただけの「アイコン」を見つけてみませんか？

minimum action

自分に合う「マイスタイル」を決めておくと、お金や時間のムダもなくなり、どんなシーンでも自分らしく、自信をもっていられる。

way of life
called
minimum rich

8

その服で、急なお誘いに応じられますか？

ある日、クローゼットを眺めながら、「そろそろ、服を買うのをやめよう」と思いました。最近は、買い物に出かけても、本当に満足するモノに出会わなくなっているからです。「あってもいいけど、なくてもいい」というモノばかりで、心が震えるような精神性のある、ストーリー性を感じる出会いがなく、物足りないのです。

試しに今年一年、服を買わないで過ごそうと決めて、改めて、クローゼットの中のひとつひとつを取り出してみました。コートやジャケットは飽きのこない定番を、時間をかけて揃えてきましたし、仕事で着るスーツは白、黒、ベージュの3着を制服のようにローテーションさせているので、これで大丈夫。

ちょっとおしゃれなレストランで外食するシーンに活躍するワンピースは、ペールピンクと白が数着。自分に似合うシルエットのパンツやカシミヤのセーターも白と黒で持っているし……と、一旦、「買うのをやめる」と決めれば、ひとつひとつのアイテムと向き合うことができました。「今日は何を着ようか」と、以前より、じっくりと服を見るようになるのです。

ポイントは、ひとつひとつのアイテムが見えるようにすることで、できるだけハンガーに掛ける、透明なボックスに入れるなど、持っているもの全部が一目でわかるようにします。

私の場合は、春夏物20着、秋冬物20着、合計40着までと決めています。

すべてが、「どんな人にも会える服」が基準です。

どんな場所に出かける時も、「ちょっと壇上でスピーチをお願いします」と言われても困らないような格好をしていくことが、チャンスを逃さないことだと思っています。「これから、○○へ行きましょう」「○○さんを紹介します」と突然言われて、「今日の、この格好では……」と躊躇するような服は捨てることにしました。

ですから、くたびれたモノや、黄ばんでしまったモノは、潔く捨てます。その際、タグは見ないことです。タグを見てしまうと「高かったし、もう一回くらい着られるかも……」と思ってしまい、その一回が残念なことになりかねないからです。

こんな風に、自分なりの「捨て方のルール」を決めると、迷うことがありません。

スタイリストの友人は、「着た服をラックの手前から順番にかけていき、衣替えの時に、着なかった奥の服から捨てていく」ということでした。

とても合理的なルールだと感心しました。

洋服は賞味期限がありますから、ファストファッションで安く買ったモノは、そのシーズン中、とことん着て、1シーズンで捨てます。

ファストファッションで買うモノは、「一年で10枚まで、予算は5万円まで」などと、上限を決めます。そして、買い物かごに入れたモノを、レジに行く前に「1点やめるならどれ？」と必ず自分に聞くことにしています。安いと、どんどんかごの中に入れてしまいます。「あってもいいモノは、なくてもいいモノ」ですから、「この値段なら買っておこう。たぶん着るだろう」と思うモノは、かごから出します。

また、素材や使用頻度にもよりますが、2年続けて着なかったモノは、リサイクルに回します。ファストファッション以外のアイテムは、「リサイクルに出しても値段がつくか？」を考えて買います。ブランド品や定番色は、比較的、高値がつきますので、少々値が張っても、最後までお得感があります。

ひとつひとつのモノと向き合う意識を持てれば、消費行動も変わってくるはずです。大切なことは、「どれだけ持っているか」ではなく、「いかに向き合うか」です。

minimum action

ひとつひとつの服と向き合い、自信を持って着られるモノだけを残す。「捨て方のルール」を決めて、沿わないモノは潔く手放すこと。

minimum rich column

3

男女問わず愛される上質カジュアル シャネル・J12

多くの有名人も愛用するシャネルの時計、J12は、海の近くに住み、海を愛するサーファーのお客様に教えてもらったのが最初の出会いでした。

発売当時、シャネルが防水時計、しかもベルトがセラミックのものを発売するのは画期的だったと思います。

歯の治療でも使われる素材であるセラミックは、傷や変色に強く、長く愛用できるものです。

白一色の時計はキラキラと輝いていて、お客様の笑った時の白い歯と時計の白さが同じで、まぶしかったのを覚えています。

スポーティでありながら、シャネルの品格を感じさせるデザインは、まさにスポーティエレガンス。

この時計ひとつで、大人の品のあるカジュアルスタイルが完成します。焼けた肌も、スニーカーも、ロゴTシャツも、一段格上げしてくれる存在感と個性があるのです。

どんなファッションにも相性がよいこの時計は、誰からも好感度の高く、長く愛されている、まるでお客様そのものでした。

そのお客様は仲間が多く、男女問わず、大勢の人に囲まれていて、いつも楽しそうでした。

食べることも大好きで、よく、ご自宅にたくさんの仲間を招いて、手料理を振舞っていました。

朝日とともに起き、夕陽とともにワインを傾け、自然とワンちゃんを愛する暮らしとともに、その時計はありました。

いつも明るくて、優しくて、友達思いで、愚痴っぽい話を聞いたことも、暗い顔を見たこともありません。

フレンドリーでありながら、美人で、気高さもあって、どんなことがあっても決して薄汚れない、この時計のような人でした。

シャネルのＪ１２は、誰もが憧れ、男女問わず愛され、誰もが一緒に時を刻みたい時計の代表だと思います。

この時計を見るたびに、たくさんの仲間とともに、人生の後半戦の時間を上質に楽しんでいるお客様の笑顔を思い出します。

minimum actions for a minimum rich life

むやみにものを買わず、「使用頻度」「使い心地」「他にはないよさが3つあるか」をチェック。迷った時は、定番を選ぶ。

買い物のコツ。使う場面をイメージしておく。ひとりで行く。安いモノや流行に流されない。心の声を聴き、自分らしいモノだけを、時間をかけて吟味すること。

高見えする人は、メリハリのある買い物をする。選び抜いた重要なアイテムにだけお金をかければ、他はコスパ重視でも大丈夫。

品格は細部に宿る。上質なモノはパーツのクオリティに、上品な人は指先や足元の手入れにこだわっている。

新作の限定品は、新鮮な気分を楽しむためのもの。長く愛用したいなら、自分だけの「マイ定番」を大切に。

ブランド品が特別なのは、作り手と買い手の精神が宿っているから。人生の節目で手に入れれば、買った時の思い出とともに生きていける。

自分に合う「マイスタイル」を決めておくと、お金や時間のムダもなくなり、どんなシーンでも自分らしく、自信をもっていられる。

ひとつひとつの服と向き合い、自信を持って着られるモノだけを残す。「捨て方のルール」を決めて、沿わないモノは潔く手放すこと。

chapter

4

仕事も人間関係も
余白を持たせて質を上げる

本当に大切なことを引き寄せるために、
日々のスケジュールを見直していきましょう。

way of life
called
minimum rich

1

スケジュールより自分の気持ちを優先していますか？

かけがえのない人生の時間を何に使うか、どう使うかは重要ですが、やはり「誰と過ごすか」で質が変わってきます。

スケジュール表を見ながら、「気の乗らない約束を入れてしまったな」と、憂鬱になってしまうことはありませんか？

私は、「どうして、行くと言ってしまったのだろう……」と何度も後悔したことがあります。「みんなが行くと言っているから仕方ない」とか、「行った方が○○さんの顔も立つから」と、無理に自分を納得させようとしている時は、必ず、不具合が生じます。

その日に限って、ずっと疎遠だった友人が上京してきて、「久しぶりに会いましょう」と連絡が来たりするのです。けれど、参加費も振り込んだし、今更キャンセルはしづらいとモンモンと悩みます。

いつも「自分の気持ちに素直になること」「他者と正直に向き合うこと」が大切だと思っているのですが、とても難しいと感じます。

状況や雰囲気を察したり、相手の顔色を伺うことに慣れてしまい、瞬時に「こうした方がいいのでは？」と思ってしまう自分がいます。
「○○しなければ」「○○した方がいいのでは」というのは、自分の気持ちを修正、補正した状態です。「本当は、どうしたいの？」と、自分の率直な心の声を聞いてみることを、いつも後回しにする癖がついてしまっているのです。

この率直な声をスルーしてしまうと、だんだんと本当の自分からズレていきます。

自分の時間は自分のものなのに、正直に時間を使えていない自分になります。

そして、悩んだ挙句、直前になってキャンセルすることになり、何だかどんよりとした気持ちになります。だったら、最初から、「NO」と言えばよかったと自分を責めるのです。

自分の気持ちをちゃんと見つめないで、ごまかし続けていると、どんどん苦しくなります。

これは、仕事も同じです。「私でなくてもいいのでは？」と感じている仕事や、気の進まない仕事でスケジュールを埋めてしまうと、本当にやりたい仕事が入ってきた時に、入るスペースがなくなってしまっています。

むやみやたらに詰め込まず、スペースを空けておくことで、新しいものが入ってきます。

こんな時は、一度、棚卸しをしてみます。


「やるべきこと MUST」＝私の役割は？　私に求められていることは？

「やりたいこと WILL」＝本当にやりたいことは？　未来に向けて始める最初の一歩は？

「できること CAN」＝経験値から獲得した得意なことは？　自分を活かせることは？


これらを書き出していくと整理できます。

モノだけでなく仕事も、ミニマムリッチの核である、「量より質」を意識して、時間を埋めていくことは大切だと思っています。

本当に納得していないムダなスケジュールを手放して空けたスペースや時間は、ひとつひとつの質を上げるために使うことができます。インプットする時間や作戦タイムを設けることは、「自分にしかできない仕事」にするためにも必要なスペースです。

「スケジュールに少しの余白はあるか?」「運転している車のハンドルに『遊び』はあるか?」を常に意識してみませんか。

勇気を出して「ＮＯ」ということで、ほんの少しの余白ができます。それが後々、大きな膨らし粉の役目をしてくれます。

minimum action

仕事もスケジュールも量より質。納得していない予定は手放して、本当に大切なことを呼び込む余白をつくっておく。

way of life
called
minimum rich

2

モヤモヤ、ザワザワ、違和感をスルーしない

「あの人と会うと、帰ってきてからモヤモヤする」「この人の話を聞いていると、いつもザワザワする」ということはありませんか？　これは、誰もが感じる「本当の自分から送られてくる赤信号」だと思っています。

けれど、日常では、この違和感を特に重要視しなかったり、適当にスルーしながら、みんな、暮らしているのではないでしょうか？

このザワザワ、モヤモヤが心の中で知らず知らずのうちに増殖していくと、ある日、熱を出したり、お腹が痛くなったりと体の方に表れたりします。そこで、やっと「あー、やっぱり、私、無理してたんだ」と気づくのです。

自分が本来持っている直感を大事に守り磨いていくことで、状況も体調も修正されていきます。「快、不快」「好き、嫌い」という感情を見つめ、その素の自分からの声に正直に生きることで、本当の満足感を得られます。

なかなか難しいかもしれませんが、人間関係では、赤信号を無視しないことです。

例えば、とても仲の良かった友人だとしても、最近は会っていても「何か違う」と感じる時は少し距離を置いて、様子を見る方がいいと思っています。「友達だから我慢しなくちゃ」と気持ちを修正してしまうと、未来が変わってしまうこともあります。

なぜなら、お互いの学びは終わっているのに我慢していると、次の学びに出会うことができないからです。

古い殻を被ったままだと、生まれ変わって羽ばたくことができません。

「一緒にいた時間は楽しかったし、またあんな時間が過ごせたら」と思って、もう一度会ってみるけど、「やっぱり違う」と感じてしまう。二人の間に何か事件があった訳でも、嫌いになった訳でもないけれど、拭えない違和感があるなら、それを認めていくことです。

絶え間なく時間は流れているし、人の細胞は日々、新陳代謝を繰り返しているから、今の自分と今の友人の波長は、もう合わなくなっているのかもしれません。

これは恋愛関係でも同じかもしれません。その人との関係が長ければ長いほど、一緒にいる時「もうひとりの自分」が存在します。そのもうひとりの自分が成長してしまって、違う人になってしまったような感覚があり、寂しくなるのです。

そんな時は、その「もうひとりの自分」の成長を認めてあげることです。

このご縁での学びは終わり、卒業の時期を迎えたのです。

今は、卒業したはずの人間関係でも、機械が「この人は、友達ではないですか？」と聞いてきます。ＳＮＳ社会の中では、卒業したはずの人間関係でも、何らかの形でつながり続け、情報も入ってきやすいですから、人間関係にも、胆力が必要です。

どんなに頭で表面上の情報をキャッチしてしまうことになったとしても、お腹の奥では、惑わされることなく、思い出とともに消化する。

それは、未来のあなたのためでもあるのです。

何かが終わることは、何かが始まっていくことですから、未来からの「ここに来てね、待ってるね」という合図なのです。

過去に縛られず、惑わされず、一歩前にふみ出しましょう。

人間関係も可視化できる世の中だからこそ、誰と太く長くつながっていくかは、お腹の奥で判断します。日本人の魂は、お腹にあるのだと思います。映画でも、外国では銃で頭を撃つシーンがありますが、日本の時代劇では、切腹、腹を切ります。「腹におちる」「腹をくくる」などの言葉があるように、お腹は重要な場所です。

頭がモヤモヤしたり、心がザワザワしたら、お腹の奥に聞いてみてください。

「本当の私は、どうしたいの？」と。

本当の私で生きていくことが、幸せへの近道です。

minimum action

人間関係は、時の流れとともに変わっていくもの。誰かとの関係に違和感を感じたら、「このご縁での学びは終わった」と考え、次の出会いへとふみ出す。

way of life
called
minimum rich

3

忙しくても ゆとりを持てる 働き方

朱野帰子氏のお仕事小説、『わたし、定時で帰ります。』は、働き方改革施行のタイミングでドラマ化もされ話題になりました。

インパクトのある題名から、「誰が何と言っても私は定時で帰ります」と、周囲と協働せず、我が道を行くヒロインのように思いますが、全く違います。

自分の価値観や生き方を貫くしなやかな強さと、他者を包み込む包容力が共存しています。職場での問題にも自ら立ち向かい、面倒な人間関係にも巻き込まれていくのですが、異なる価値観の新人や上司にも共感し、相手を尊重しながら、ちょうどいい着地点を見つけていく姿勢に、学ぶものがあります。

冷たすぎず、熱すぎず、ちょうどいい温泉のような温度感とバランス感覚は、令和時代の新しいヒロイン像だと感じます。

特に、夢や目標がないと悩む後輩への、「私たちには、給料日がある」という言葉はとても新鮮に感じました。

幸せというのは、こんな当たり前のことに気づくことかもしれません。

さらに、「定時で帰って、ハッピーアワーに飲む一杯のビールが幸せなら、それで十分じゃない？」と、言います。

定時で仕事を切り上げ、ハッピーアワーに、こんな自分だけのためのささやかな時間を持つことで、心に余白をつくっているのかもしれません。自分に余白がないと、相手を思いやることも受け止めることもできないからです。

ひとりを楽しめる人は、自立した人です。まずは、自分を満たす時間の使い方をしているからこそ、このバランス感覚が生まれるのだと思います。

また、注目したのは、ヒロインがどんな場面でも率直に意見を言うことです。「私は、こう思うよ」と「主語を私」にして伝えているのです。決して、「あなたは、こうだよね」と、一方的に決めつけた言い方をしていません。あなたを主語にすると、相手はムッとします。それを、よくわかっているのです。「どう伝えるか」を大切にしています。

そして、近くにいて手を差し伸べるところと、遠くから見守るところとを、きちんと線引きができています。「ここからは、あなたの課題だよ」と、手を離すタイミングを心得ているのです。

仕事とプライベートの時間の分離、自分と相手の課題の分離ができているからこそ、絶妙なバランスを保っているのかもしれません。

自分も相手も苦しくならない、この心地よい距離感が、とても軽やかで爽やかに感じます。

定時で帰るとしても、自分の時間を使って、お給料をもらっているなら、その分はしっかり働く。その時間の質を上げて自分しかできない仕事をする。実際に、そんな人は、長い産休を取っても戻る椅子があり、時短でも、在宅ワークでもOKと会社から認められていることが多いようです。

その域まで達するには、量をこなすことも必要ですが、さらに質を意識していくことで、自分の座る椅子は、見つかるのではないでしょうか。

質を上げていくのは、テクニカルスキルだけではなく、ヒューマンスキルも必要です。

バランスのいい、質の高いコミュニケーションスキルを磨くことは、自分も相手もハッピーにします。目の前の相手をいかにハッピーにできるかを考えることで、自分もハッピーだし、その時間の質が上がっていきます。

忙しい人ほど、ミニマムリッチ。バランス感覚と集中力で、時間と自分とを大切にしています。

minimum action

「限られた時間の質を上げる」働き方が、自分も周りも幸せにする。仕事とプライベート、自分がすべきこととそうでないことの線引きをする。

way of life
called
minimum rich

4

人生の時間は、今、何時ですか？

販売員だった私が、キャリアコンサルタントの仕事を、次のキャリアとして意識し始めたのは、36歳の時でした。すでにキャリアコンサルタントとして活躍していた方から、「年齢を3で割ると、人生の時間になるよ」と言われたことがきっかけです。

36歳を3で割ると、12になります。一日で例えると、ちょうどお昼の12時だということです。まさにランチタイム。午前中の仕事が終わって、ランチでエネルギーチャージし、また、午後からどんな風に仕事をしようかと考える作戦タイムの年齢です。

人生の後半戦でもある、午後からの仕事が始まる13時（39歳）までにしっかりと考え、未来へ向かって、ふみ出す脚力をつけたいと思いました。

自分のこれまでの人生を振り返ってみると、キャリアのスタートは就職した22歳。22歳は朝の7時半、まさにこれから出社です。キャリアを積み、30代を前に一度立ち止まって考える29歳は、10時前。これからがゴールデンタイムです。人生の後半戦の作戦を練る36歳は12時。そして、見える景色や体調も変化してきた43歳は、「選択と集中」で、もう一度アクセルをふみ直しました。43歳は14時半。集中力が切れがちな午後の時間は、自分なりの工夫が必要です。

人生100年時代となった今、定年後のキャリアも見据えて、自分らしい個性や人格をもう一度磨き直す50歳は、17時の定時前の時間帯。退社してから、どんなことをしようかと考える大きな節目になります。


1日の中でも定期的に業務の流れを見直すように、人生の中でも節目を意識することは大切です。人によって節目のタイミングはさまざまだと思いますが、私の実体験としては、大きな節目の前には、大きなネガティブが、どーんとやってくることが特徴です。

その出来事によって、ぎりぎりのところに追いつめられ、覚悟が決まります。

人間力を試されているような出来事があって、ステージが変わっていくのです。

人生のドラマが展開していく時は、変化や痛みが伴います。変化を怖がっていては、未来へ向かってストーリーが展開していきません。

大きなネガティブがやってきたら、「節目」だと捉えて、その流れに乗っていくこと。どんなに大切なものを手放したとしても、また、新しい自分にふさわしいものを掴むチャンスなのです。

これは、上昇気流に乗っていく時の合図ですから、最初は居心地が悪くても、悲観的にならずに進んでいきましょう。

そんな話を、お酒の好きな先輩としていたら、「V・S・O・Pって知ってる?」と言うので、てっきりウイスキーのことかと思ったのですが、違いました。

これは、「それぞれの世代で獲得すべき課題の頭文字」だと言うのです。20代では「V＝バリエーション」を増やし、30代は「S＝スペシャリティ」になる。40代は「O＝オピニオンリーダー」を目指し、50代は「P＝パーソナリティ」を磨く。

20代では、とにかく何でもやってみて、横へとベクトルを広げていく。そして30代からは、そのベクトルを縦へと方向性を変え、突き抜けていくように進んで、40代で飛びぬける。そうすると50代からは、「円熟」という丸になるような人間のイメージができました。ウイスキーのように、年を重ねるほど熟成されていきたいと思いました。

そして、それぞれの時代を楽しみながら歩くには、持てる荷物はできるだけ小さく、コンパクトにしましょう。節目には棚卸しをして、その時に持てる最低限の荷物だけで再出発します。軽やかにフットワークよく、歩いていきましょう。

minimum action

年齢を3で割れば人生の時間。人生の節目を意識して、変わっていくステージを楽しみながら歩く。

way of life
called
minimum rich

5

自分へのご褒美時間を楽しむ

いつも頑張っているあなたへ、時には自分へのご褒美をあげてみませんか？

それは旅行やスイーツや美容家電、何もしない自由な時間や特別な空間でもいいですね。

私は、「ご褒美は何にしようかな？」と考える時間、選ぶ時間を幸せに感じます。大切な人のためにギフトを選ぶ時間も楽しいですが、自分へのご褒美も同じ。「何にしようか」と考え、「ここまで走ったら、こんなご褒美」と計画を立てて実行していくプロセスはワクワクします。


販売員の頃は、1ヶ月に1回、ハンドケアに行くことが自分へのご褒美でした。

商品を触る時、指がささくれていると傷ついてしまったりするので、入念なケアが必要でした。それだけではなく、手はお客様からよく見られています。手は、その人の暮らしをよく表しているパーツだと思います。指先がガサガサしていたり、爪が汚れていたり、マニキュアがはがれていたりすると、ラグジュアリーな気分が一気に冷めてしまいます。私たちの手は、商品の一部なのです。ネイルサロンで、優雅にハンドケアとネイルケアをしてもらい、うとうとと、まどろむ時間は至福の時でした。

また、手帳カバーも自分へのご褒美として、長く愛用できるレザーのものを選びます。手帳には、予定を書きこむだけでなく、日記がわりに、その時の気持ちや浮かんだアイディアを書いたりしますので、スマホのメモにはない温度感のあるものになります。手帳は、時計と同じように、生きてきた証を刻んでくれています。ですから、リフィールは毎年変わっても、時とともに手に馴染んでいくレザーのカバーは妥協しません。

自分らしいものを選びたいと思うと時間もかかりますが、その時間も未来を選んでいるようで、ワクワクするものです。物には役割があり、その役割を大事にしながら選ぶことは、手間のかかることかもしれません。けれど、この手間が自分へのご褒美時間でもあるのです。

minimum action

大切な人へのギフトを選ぶように、自分へのご褒美ケアや物選びの計画を楽しむ。

way of life
called
minimum rich

6

プレミアムデーには
ゆるい時間
を設ける

プレミアムフライデーが導入されましたが、「なかなか現実は難しくて」という声が聞かれます。

一方、ある女性が、「プレミアムフライデーには、職場でモグモグタイムを設けています」という話をしてくれました。

新作のスイーツや話題のお菓子を持ち寄り、みんなで集まって、食べながらダラダラ話すのだそうです。甘いものは、無条件に幸せを感じますよね。煮詰まった時は、いい気分転換にもなり、職場の雰囲気も変える効果があります。

販売員をしていた頃は、繁忙期のクリスマス前には、クリスマスケーキやクリスマス限定のスイーツを買って、休憩室でのモグモグタイムを設けていました。

この15分ほどの時間で、疲れていても驚くほどリフレッシュできて、また頑張れるのです。

普段でも、私が甘いものを食べる時は、自分を甘やかしたい時です。

モグモグタイムのような時間は、「ゆるい時間」です。

このゆるい時間が栄養になり、頭を解放させてくれます。

どうしても私たちは、「時間をムダにしてはいけない」という思いから、とにかく空いた時間を埋めることに一生懸命になり、何もしないこと、ぼーっとするだけの時間に罪悪感を覚えます。

休息のための旅行に行っても、スケジュールを分刻みで入れ、帰ってきて、どっと疲れが出てしまうような過ごし方をしてしまいがちです。

特に予定を組まず、心の赴くままに街をうろうろして、気になった店を覗いたり、ビーチで本を読んだり、ただ昼寝をしたりして過ごすことが苦手だったりします。

日常でも、たまには「自分を甘やかす日」をつくってもいいのではないかと思います。

一日が無理なら、たとえ半日でも、自分で定期的に「プレミアムデー」をつくってしまいましょう。

そして、長いスパンで考える人生にも「プレミアムイヤー」は必要です。

それは、いつでしょうか？　私は45歳前後かなと思います。甘いおやつをいただく時間は、15時。前述の通り、年齢を3で割ると、15時のおやつ時間の年齢は45歳だからです。

45歳の時は、ちょっとモグモグタイムを設けてはいかがでしょうか。自分をゆるめて、甘いもので甘やかしてあげましょう。これから始まる長い夜の時間へ向けての、エネルギーチャージです。人生は、「もう若くはないかも……」と思ってからが長いのです。

45歳はご褒美イヤー。ここまで頑張ってきた自分へ、ご褒美をあげてくださいね。

minimum action

定期的にプレミアムデーをつくって、自分を甘やかす。甘いものを食べたりぼーっとしたりする「ゆるい時間」が、日々の栄養になる。

way of life
called
minimum rich

7

外に出るのが辛い時の小さなマインドシフト

月曜日の朝、起きて窓の外を見ると大雨。こんな時は「会社に行きたくない」「外に出たくない」と思うこともありますよね。

そんな時、私は樹木希林さんの本、『一切なりゆき』（文春新書）の中のこの言葉を思い出します。

「最近のわたしは、〝きょうよう〟があることに感謝しながら生きています。教養ではなく、今日、用があるということ。神様が与えてくださった今日用をひとつずつこなすことが日々の幸せだし、最後には十分に役目を果たした、自分をしっかり使いきったという充足感につながるのではないかしらね」

朝起きて、行くところがある、やるべきことがあることは、幸せなことだということを、私たちは忘れてしまいがちです。

ワーキングママの30代の後輩が、「とにかく忙しい」「はっと気がついたら、もう夕方」と言っているのを聞いて、私は「忙しいということはそれだけ必要とされている」という言葉を思い出しました。

毎日、何もすることがなければ、日曜日が来るのも楽しくないでしょう。

希林さんは、こうも仰っています。

「楽しむのではなくて、面白がることよ。楽しむというのは客観的でしょう。中に入って面白がるの。面白がらなきゃ、やっていけないもの、この世の中」

「面白がるとは、中にどっぷり入ってみること」という視点が新鮮でした。

観客のように外から見ているだけでは、祭りの楽しさはわからない。みんなと一緒に神輿を担いだり、踊ったりしなければ、人生という祭りは味気ないものになるでしょう。

関西で仕事をしていた時を思い出しました。とにかく「笑い」をみんな、大切にしていますので、何でも面白がることが日常でした。大変なことも辛いことも、「おもろい」に変えて、笑い飛ばしていました。

辛いことがあると、心も体も重力に引っ張られてしまうものです。でも辛い時ほど、深刻になりすぎないで、状況を面白がったり、そんな自分を笑ったりできると、「重力を感じさせない、軽やかな生き方」ができると思います。

感謝しながら、面白がる。

どんなことも面白がることができると、何でもない日常に、感謝と幸せを見つけられるようになるのではないでしょうか。

minimum action

今日用があるのは幸せなこと。日々のどんなことも、中に入って面白がってみれば、きっと乗り越えられる。

way of life
called
minimum rich

8

つながりすぎない人付き合いのコツ

本屋さんに行くと、『繊細な人の処方箋』とか『気がつきすぎるあなたへ』といった本をよく目にするようになりました。これらの本のニーズが高いということは、世の中には、「細かいところまで気にしてしまう」「周りに機嫌の悪い人がいるだけで緊張する」といった悩みが多いのだと思います。

繊細な人は感受性が豊かな人です。感受性が豊かなことは素敵なことなのですが、生きづらいと感じてしまいます。人の気持ちに敏感な人ほど深く傷つくし、真面目で一生懸命な人ほど、何だか報われないと感じてしまいます。

そんな人は、無理にたくさんの人とつながる必要はありません。自分の繊細な心は自分で守る必要があるからです。

あなたという森の中にごみを捨てていく人や、木を伐採していくような人は、立ち入り禁止にしていいのです。「NO」という札を立てて、自分自身の環境と安全を維持しましょう。

私も親しい人から、突然、水をかけられたような気持ちになることがあります。それは、たぶん、こちらも相手に期待しすぎていたり、本当の自分の気持ちを押し殺して向き合い続け、無理をしている状態だったのでしょう。

裏切りだと思ったり、怒りを感じる時は、自分のことも少し、客観的に振り返ってみる必要があります。ある人に「上に立つと、いかり、下に立てば、りかい」になると言われたことがあります。「怒り」は、反対から読むと「理解」です。「理解」は、英語で"understand"。立ち位置や視点を変えて見てみることで、怒りは理解に変わるのです。

誰もが自分なりの「正義」を持っていますが、正義は怒りになることがある。見方を変えれば、相手から見た「正義」もあるのだと思います。

いつまでも怒りの気持ちを抱えていると、自分の未来まで変えてしまいます。ネガティブはネガティブしか呼び込まないので、うまくいっていたこともうまくいかなくなってしまいます。

どうしても捨てられない、手放せない感情は、違う要素で誤魔化していきましょう。おいしいものを食べたり、旅行に行ったり、美しい絵を見たりして、考えることを手放しましょう。天に投げてしまうイメージです。「明日、天気になあれ」と、子供の頃、靴を天に向かって放り投げたように、あとは「きっといいようになる」と、鼻歌でも歌っていましょう。神様は、決して悪いようにはしません。

私たちには、時間という強い味方がいます。時間が経てば、負の感情は自然と浄化されていきますから、時間を有効に使いましょう。

人は、それぞれ違うから、合うところも、合わないところもあるのは当然で、だからこそ、出会いと別れを繰り返して生きているのだと思います。

だから、行き違いや別れを怖がらず、時の流れのように受け止めましょう。

育った環境も経験も違うのだから、他者に過度な期待をしないこと。過剰につながりすぎないことです。

私は、こんな風にイメージすることがあります。自分は自分のボートに乗って、時という川を流れていくけど、周りにいるボートは、時間とともに数も種類も変わっていく。となりで一緒に流れていたボートが、時にはスピードを上げて行ってしまうこともあるけれど、無理に追ってスピードを上げないこと。自分は自分のペースで流れていけば、また、違うボートが周りに来ています。

時間とともに訪れる、変化を恐れないことです。それは、時がくれたギフトだから。周りの景色が変わり始めたら、それは、「未来のあなたに必要な新しいものが、やがてやってくるよ」という合図です。

ゆったりと流れていきながら、時間とともに変わりゆく景色を楽しみましょう。

minimum action

負の感情を抱いたら、自分の行いも振り返ってみる。別のことをして、考えることを手放す。それでも別れが起きたら、次の出会いがやってくる合図。

way of life
called
minimum rich

9

鈍感力こそ大きな武器

日光東照宮の三猿は、誰もがご存知だと思います。「見ざる、言わざる、聞かざる」と言われている猿たちですが、「ストレスの多い社会では、たまにはこんな猿のようになることでラクになれるのでは？」と思ったことがあります。

空気を読まないことは、「気が利かない、配慮がない」と言われてしまいますが、「あえて見ない、あえて言わない、あえて聞かない」ふりをすることもアリだと思っています。なぜなら、あえて空気を読まないことで、その場の空気が和むこともあるからです。

受け流したり、スルーしたり、あえて意味付けをしないことで、自分も他者もラクになる場面があります。この「あえて鈍感でいる」というスキルが「鈍感力」だと思います。

「鈍感な人」というと、マイナスのイメージがありますが、「鈍感力が高い人」になれば、「深刻にならない、切り替えが早い、すぐに忘れる」といったメリットがあります。

この「鈍感力」のスキルを身につけるには、終わったことやどうしようもないことは、「見なかったこと、聞かなかったこと、知らなかったこと」にするのです。

過去の時間は、戻ってきませんから、クヨクヨ考えても仕方ありません。

「過去と他人は変えられない、変えられるのは未来と自分だけ」という黄金ルールがありますが、鈍感力を発揮して、すべてなかったことにして、前を向きます。

私は、そんな時、鏡を見て、「ま、いっか」と口に出してみます。「ま、いっか」という言葉には魔法のような威力があります。実際に口に出すと効果的です。音が耳から入り、脳に届く感覚があるのです。ぜひ、やってみてください。心が軽くなる、「おまじない」です。


繊細すぎて、友人のSNSを見ると、たまに苦しくなるという人は、「映画やドラマを観ている」と思って、ぼーっと見る。異世界で起こっている出来事として捉えて、自分の現実と照らし合わせないことです。

それでも鈍感になれない時は、頭で考えすぎずに体を動かしたり、他の何かに夢中になることで切り替えができます。

私は、「考えすぎているな」と思ったら、ひたすら走ることにしています。走ることで汗とともに、頭に溜まったモヤモヤを洗い流し、濃度を薄める感覚です。ジブリ映画に出てくる主人公の少女のように、とにかく走る。

後ろを向いて走ることはありませんから、前に進んでいることを実感できます。風が通り抜けるように、意味付けをせず、薄く流れていく時間も、またいいものです。鈍感力を発揮して、さらさらと流れていく時間を楽しみましょう。

minimum action

時には鈍感力も必要。「ま、いっか」と言ったり、ドラマの出来事のように捉えたり、思い切り走ったりして、過去のことは受け流す。

minimum rich column 4

成功者が選ぶにふさわしいロレックス・デイトジャスト

いつも大きな目でまっすぐ私の目を見て、「イエス・ノー」をはっきりと仰るそのお客様は、私にとって、女性の成功者として輝く存在でした。

会社経営者として辣腕を振るい、自信に満ちた立ち振る舞いは、一流の証であるロレックスがとても似合うと感じていました。

「この時計は、私の誇りなの」とでも言うように、そのお客様の時計は、威厳に満ち、神々しいまでのオーラを放っていました。

ロレックスの存在感は、美しく完璧な世界観に満ちています。存在自体が完成形で、伝統と格式に満ちています。この時計をしているだけで一目置かれることは間違いありません。

しかし、自分自身の生き方に誇りがなければ、この時計に負けてしまうと感じました。まさに成功者が選ぶにふさわしい時計です。

そのお客様は、この時計で時間管理だけでなく、経営者としての行動管理や目標管理もしてこられたのだと思います。

しかし、「最初から順調ではなく、倒産しかけたり、窮地に陥ったことは、何度でもある」と話してくれました。

きっと、どんな時も諦めず、立ち上がってきた自分の姿を、その時計は知っているのだと思います。

そして、「この時計のように一流になりたい」と、自分を鼓舞させてこられたのではないかと想像しました。

この時計をパートナーとして選んだことに、お客様の覚悟と情熱と誇りを感じるのです。

パートナーとは、一緒に仕事をする相棒であり、ともに成長する相手であり、人生の時をともに刻む相手です。

一緒に歩んできた時間は、どんな先生や偉人よりも、たくさんのことを教えてくれるのです。

自分自身がパートナーとして選んだ時計と、一緒に目標を追いかけながら歩いていく毎日は、かけがえのないものになるはずです。

そして、そんな時計は、自分のプライドにもなりえるものだと思います。

「全力を尽くせば、きっと何だって成し遂げられるわ」

そのお客様は、私が転職する時に、いつものように私の目をまっすぐに見て、そう仰ってくださいました。
その力強い言葉は、今もこの一流の時計の印象とともに思い返されます。

minimum actions for a minimum rich life

- 仕事もスケジュールも量より質。納得していない予定は手放して、本当に大切なことを呼び込む余白をつくっておく。

- 人間関係は、時の流れとともに変わっていくもの。誰かとの関係に違和感を感じたら、「このご縁での学びは終わった」と考え、次の出会いへとふみ出す。

- 「限られた時間の質を上げる」働き方が、自分も周りも幸せにする。仕事とプライベート、自分がすべきこととそうでないことの線引きをする。

- 年齢を3で割れば人生の時間。人生の節目を意識して、変わっていくステージを楽しみながら歩く。

- 大切な人へのギフトを選ぶように、自分へのご褒美ケアや物選びの計画を楽しむ。

- 定期的にプレミアムデーをつくって、自分を甘やかす。甘いものを食べたりぼーっとしたりする「ゆるい時間」が、日々の栄養になる。

- 今日用があるのは幸せなこと。日々のどんなことも、中に入って面白がってみれば、きっと乗り越えられる。

- 負の感情を抱いたら、自分の行いも振り返ってみる。別のことをして、考えることを手放す。それでも別れが起きたら、次の出会いがやってくる合図。

- 時には鈍感力も必要。「ま、いっか」と言ったり、ドラマの出来事のように捉えたり、思い切り走ったりして、過去のことは受け流す。

chapter

5

日々の生活から
大人の品格は育まれる

小さな習慣を見直すことで、
心穏やかな毎日と品格が手に入ります。

way of life
called
minimum rich

1

五感を満たす時間で美意識を育む

大人のキレイをつくるには、キレイを育む「日常」が欠かせないと実感しています。どんなに突貫工事のように表面だけキレイに取り繕っても、日常の暮らしぶりは薄い膜のように自分を取り巻いていて、何となく相手に伝わってしまっているものだと思います。

毎日を雑に過ごしていれば、その暮らしぶりが反映された膜がどんどん強固になり、簡単には剥がせなくなります。特に歳を重ねてからは、日常の質を上げていかないと、自分を覆っている膜は、どんよりと重く、透明感が失われていくと感じています。

しかし、忙しい毎日の中では、つい妥協したり、簡単に諦めたりすることが多くなってしまいます。

かなり美意識の高い人でないと、丁寧な日常と美を育む習慣を続けることは難しいと思いがちですが、ほんの少しの意識改革で、キレイは育てられるのではないかと思います。

それは、人にもともと備わっている五感を磨いていくことです。

自分の感覚を活かして自分を癒し、高めることで、キレイの自分軸を持てるのではないかと感じています。

常に五感のすべてを磨くことは難しいので、視覚、聴覚、嗅覚、触覚、味覚の5つのうち、どれを中心に生きているかを感じてみます。生きていくうえで、使っている五感で最も強いものが、行動や言動、思考にも表れるのではないかと思っているからです。

疲れた時は、それぞれのどれが一番、自分を癒し、労わってくれるでしょうか？

もちろん、ひとつだけではなく、「音楽とアロマがあれば癒される」、「見た目が美しくておいしいものが最高」と、ひとつには絞れないと思いますが、一番、感度の高いものには投資してみませんか？

五感を満たす、ちょっとだけの贅沢をしてみることから始めると、楽しみながら美意識を磨けると思います。日常に幸せを感じていると、薄い膜がハッピーオーラに包まれていくからです。そんなオーラを纏っている人は、誰からも一目置かれていきます。

私の友人は視覚重視派で美しいインテリアが大好きなので、家にお邪魔すると勉強になることがたくさんありました。クッションカバーやラグなどのファブリックに凝っていて、季節が変わるたびに『ザ・コンランショップ』で選び、「ここにはお金をかけるの」と言っていました。

確かに、クッションカバーやラグのグレードが高いと、家具のグレードも上がったように見えます。しかし、普段は目に入らないモノ、中に隠せるモノ、例えば収納ケースやハンガー、カゴ類やキッチングッズなどは、ニトリや100均でコスパ重視で選んでいます。タオルも無印良品のモノをバーゲン時にまとめ買いし、定期的に入れ替えていました。

嗅覚重視派の友人は、イタリアの香水メーカーが出している柔軟剤を使っていますが、洋服自体は家で洗濯できる扱いやすいモノを中心に選んでいます。

すべてにおいて節約モードになると心がワクワクしません。自分のこだわるところ一点だけの少しの贅沢が、心にゆとりを与えてくれます。キレイはゆとりから生まれます。

美意識は、日常で育てていくものだと思っています。妥協したくないモノ、お気に入りのモノを大切にしていくことで、歳を重ねるごとに「その人らしい香り」が漂うのではないでしょうか。

歳を重ねると、自分がもうメインディッシュではないように感じる時があります。花屋の隅に置かれた目立たない花のように感じる時は、日常の少しの贅沢を心へあげてください。そうすれば、その花は活き活きとして人々の目に留まり、再びその花だけの美しい香りを漂わせます。

五感のうちの一感だけ、究極にこだわって、常に満たしてあげませんか？　そんな時間の積み重ねが、上質な美意識を育んでくれます。

minimum action
五感から自分を癒やしてくれる感覚を選び、それを満たすように過ごせば、自分らしい美意識が育っていく。

way of life
called
minimum rich

2

木曜日はスムージー、休日はフレンチトーストで始める

「休日だけはファーストフードからスローフードへ」。私の友人はそう言って、休日の朝食を特に大事にしています。フレンチトーストやパンケーキ、ワッフルを焼いて、家族全員で、ゆっくりと時間をかけていただくことを、子供たちも楽しみにしているようです。

フレンチトーストやパンケーキ、ワッフルって、誰もが好きですよね。

平日の朝は、みんな、忙しくて時間の余裕がないので、「休日の朝だけは優雅な時間を」と、ミニマムリッチな時間をつくっているのです。

休日の朝が幸せだと、また一週間、頑張れそうな気がします。

私は、休日までの5日間がフルスピードだと息切れしてしまうので、木曜日の午前中は、できるだけ、ゆったりとしたスケジュールを組むことにしています。

木曜日というのは、キーになる曜日だと思っています。

月、火、水と3日間、フルタイムで仕事をすると、疲れもピークにきています。次の木曜日は、週の真ん中、折り返し地点です。来週まで持ち越せない案件があったり、楽しみな金曜日の夜に残業しなくてもいいように調整したりと、木曜日の過ごし方次第で一週間が変わります。

木曜日だけは、あらかじめ、目いっぱい予定を詰め込まず、2割のゆとりと、作戦タイムを盛り込んでおけると理想的です。いつもとは全く違う仕事を入れたり、習い事をしたり、社外の人と会ったりするのも、頭が切り替わって、別の発想や発見があるでしょう。

子供と4人家族の前述の友人も、「木曜日には食材も底をつくから、週末のための補充が必要ね」と言っていました。週中の木曜日をどう乗り切るかによって、休日も変わってくるのかもしれません。

大人の女性は、疲れていないことが美しさの基本ですから、木曜日に浄化と調整をし、日曜日にチャージします。

木曜日はスムージーだけで過ごしたり、朝ヨガに行ったりして体調を整えます。一方、日曜日は甘いものも解禁、好きなものを好きなだけ食べることもあります。

疲れていない人、キレイをキープしている人は、オンとオフの配分やバランスの取り方が上手です。時計の針を早めたり、遅くしたりという自分らしいリズムを持っていると、上質な時間割りが組めるかもしれません。

minimum action

木曜日は浄化と調整、日曜日はチャージの日。木曜の午前中と日曜の朝は、ゆったりと過ごす。

way of life
called
minimum rich

3

柔らかいもので
くつろぐ

歳を重ねるにつれて、五感の中でも特に触感を重視するようになりました。ブランケットやバスローブ、タオルなど、直接、肌に触れるモノが極上だと癒されますし、幸せな気分になります。お気に入りは『カシウエア』。極上の肌触りで、私にとっての贅沢品です。

高級ホテルが普通のホテルと決定的に違うのは、バスローブやタオル、スリッパなどのアメニティ、直接、肌に触れるモノのグレードの高さだと思います。日常の暮らしは高級ホテルでのステイとは異なるものですが、アメニティのグレードを少し上げるだけで、ホテルで感じる満足度に近づく気がしています。

バスローブが素晴らしいと、いつまでも記憶に残ります。それを着て過ごしたくつろぎの時間が極上になるからです。『ハイアット リージェンシー香港』のバスローブの心地よさは群を抜いていて、少々高くても買って帰りたいと思いました。これひとつで、毎日のお風呂上りの時間が特別な時間になるなら、値段以上の価値があると思いました。

人は直接、肌に触れるモノが極上だと、自分を大切にしている感覚に包まれます。この感覚が、自己肯定感をもアップしてくれます。

アメニティも同様です。高級ホテルのように、エルメスやブルガリで揃えることは難しくても、ボディクリームだけでも香りとテクスチャー、そしてボトルデザインの美しさを重視して選ぶと幸せな気持ちになれます。旅行先で出会ったアメニティをストックしておいて、時々取り出して使ってみるのも、非日常感に浸れます。ハワイ島のホテルで出会ったプルメリアのボディクリームの香りは、一瞬で心がハワイに飛んでいけます。

ストレスは心も硬くしますから、柔らかい、心地よいものを直接、肌に触れさせておくことで、その時間がストレスをリセットしてくれます。柔らかいものは、表情も柔らかくします。自分が好きになれない時は、柔らかいもので自分を包んであげてくださいね。

minimum action

肌に触れるタオルやアメニティは上質なものを選ぶ。旅先での出会いをヒントに。

way of life
called
minimum rich

4

心にゆとりのある人の美習慣

通っているスポーツジムに、気になる老齢の女性がいます。その方は、パウダールームを使った後、必ず手を拭いたペーパータオルで飛び散った水滴をキレイに拭きます。そして、髪を乾かしていた自分のブースの周りの髪の毛や埃をモップでサッとお掃除してから立ち去るのです。

混み合った時間帯にロッカーで着替える時も、他の人の邪魔にならないように、自分の荷物をコンパクトにまとめながら、スマートにスピーディに着替えています。

そんなひとつひとつの動作に品格を感じます。ですから、大勢の中でも存在感があり目立つのです。そして、いつも背筋を伸ばし、凛とした表情で、群れず、ひとりで行動しています。

若い女性には真似のできない深い光の輝くオーラがあるのです。

公共の場でのマナーや立ち振る舞いは、見られています。誰も見ていなくても当たり前のように、慎み深く、思いやりのある行動は、「大人のたしなみ」なのだと思います。

職場でも給湯室が清潔で片付いているところは、社員の方のマナーもきっと素晴らしいのだろうと感じます。見えないところで、きちんと片づけている方がいらっしゃるのだと思います。

人が面倒だと思うことや嫌がることを率先してやっている方は、毎日、ボーナスポイントを獲得しているのだと思います。目に見えない品格が何万ポイントも貯まっているはずです。

私の友人は「One day - One happy」を座右の銘にしていて、一日一善と言われるような、自分も他者もハッピーになる小さな取り組みをしています。

「電車でお年寄りに席を譲った」「駅で座り込んでいる人に声を掛けた」「近所の人には自分から先に挨拶をする」など、「小さなおせっかいをするのよ」と笑っていました。

買い物ポイントを貯めるばかりではなく、「ハッピーポイント」も貯めていきたいと、彼女の姿をSNSで見るたび思います。

彼女には子供がいて、「他者を思いやれる子になってほしい」と言います。

自分も他者もハッピーにする取り組みは、やがて社会全体のハッピーにつながります。

子供も大人のことはよく見ています。大人として、こんな美習慣を大切にしていく毎日の小さな行動が「社会への恩返し」であり、子供の笑顔につながるのだと思いました。
私もまだまだですが、大人として恥ずかしいこと、みっともないことをするのはやめようと心がけています。「大人のたしなみ」を忘れないでいたいものです。

minimum action

公共の場では、一日一善。誰も見ていなくても、目に見えない品格がポイントのように溜まっていく。

way of life
called
minimum rich

5

あたたかく美しい
キャンドルの効果

寒い北欧などではキャンドルを焚くことは、日常的だということですが、日本ではまだまだレストランなどで使われる非日常的なものなのかもしれません。

テーブルに置かれたキャンドルのオレンジの火を見ていると、何ともあたたかな気持ちになります。ゆらゆらと揺れる火は、遠い記憶をも呼び覚ましてくれます。


小さい頃、私の憧れの暮らしは、暖炉のある暮らしでした。

暖炉の前で、あたたかいココアを飲み、タータンチェックのブランケットに包まれながら、くつろぐ光景を夢に見ました。それぞれ、人には好きな季節があって、幸せを連想させる心の風景があるのではないでしょうか。それはミニマムリッチな時間だったはずです。私の幸せは冬の風景とリンクしていて、暖炉は幸せの象徴のように思っていました。


火を見ていると、DNAに刻まれた原始の記憶が呼び覚まされるような感覚があります。

遠い昔、私たちの先祖も、こうやって火を囲んで、心をゆるめ、あたためていたのでは？と想像できるのです。小学校の時、キャンプファイヤーの火を眺めながら、不思議な高揚感と安心感に包まれたことを思い出します。

だんだんと複雑になっていく世の中で、ついつい余計なことまで考えすぎてしまう自分がいます。「真剣」なのはいいことですが、「深刻」になると、いいことはありません。ひとつのことを突き詰めすぎると疲れるだけなので、そんな時はキャンドルを焚くことにしています。イライラしている時の、私の儀式です。

廊下に等間隔に置いてみたり、お風呂でも使ったり。特に寒い朝にキャンドルを焚くのもお勧めです。朝から寒くて、気分が上がらない、気持ちも縮みがちな時は、窓辺に置いて小さな太陽のように愛でると、心があたたまっていきます。

「大人の女性は自分を笑えるゆとりがあること」が大切だと思っているのですが、同じようなことを作家でエッセイストの阿川佐和子さんもテレビの対談番組で仰っていました。「ピリピリしやすい、ムキになりやすいから、どうでもいいことを笑えるようにしたい」、「イライラしている自分への嫌悪感を笑いで吹き飛ばす」と。画面で拝見すると、いつも軽やかで笑顔の絶えない明るい印象の阿川さんの言葉とは思えませんでした。

聡明な方だから、自分を冷静に分析して、プロとして、ひとりの人間として、感情をコントロールする術を知っていて、努力していらっしゃるのだと思いました。

ある人に、「上り坂でのプライドはガソリンになるが、下り坂では足かせになる」と言われたことがあります。確かに、大人になるにつれ、プライドが邪魔して、孤立することがあります。孤独と孤立は違いますよね。

そんな時は、キャンドルを焚きます。ゆらゆらした火を見ながら、好きになれない自分を笑い飛ばす。笑いは幸せになるための最高のツール。笑いのある人生が自分も相手も世の中を救うと信じているから、今日もキャンドルを焚きます。

minimum action

心の余裕がなくなってきたら、キャンドルを焚く。揺れる火を眺めていれば、心もあたたまってくる。

way of life
called
minimum rich

6

一輪の花を買って飾る

花屋は、私にとってのパワースポットです。元気のない時、落ち込んだ時は、花屋を覗くと、パワーをもらえます。「花は高いから買う余裕がない」「やっぱり花より団子」と思ってしまいがちですが、そんな時は、一輪だけ買って帰るのもお勧めです。

一輪だけというのは、ちょっと勇気がいるし、寂しいしと思っていたところ出会ったのが、『アフリカローズ』という広尾にある花屋です。ケニアから空輸されてくる一輪咲きのバラの花は、女性のこぶしほどの大きさで、力強く、生命力に満ちています。花びらの枚数も多く茎も太く、鮮やかな色は、一輪でも圧倒的な存在感を放っていました。

店頭で見入っていると、「どうぞ、中でご覧ください。一輪から販売しています」と声をかけていただきました。買ってみたところ、花持ちもよく、こまめに水切りをすれば3〜4週間くらい楽しめます。聞けば、オーナーがボランティアで渡ったナイロビでこのバラと出会い、「このバラを世界に届けることは、アフリカから貧困をなくすことにもつながるのではないか」と考えたとのこと。そんな思いを乗せ、日本で美しく咲き誇っているのです。

仕事でミスをしたり、人間関係がうまくいかなかったりと、ジャンクフードを食べたいような、ちょっと荒れた気持ちになったら、一輪の花を買って帰る。花は、生きる希望を与えてくれます。日本から遠く離れたケニアで、この花を大切に育てている人々がいると思うと、自分は狭い世界で小さなことで悩んでいるんだと気づきます。

そんなことを思いながら、花に水をあげ、自分もコップ一杯の水を飲み干します。花も人も乾燥している状態では寿命が縮みます。常に潤いを与えること、瑞々しい状態をキープすることが心と体の健康を維持します。

何本も花を生けるのが不得意でも、一輪だけを素敵な花器に挿せば、それだけで十分、心も部屋も華やぎ、パワーに満ちていきます。一輪の花は、人生に潤いを与える名脇役です。

minimum action

元気がない時は花屋に寄って帰る。一輪の花が、心にも部屋にも華やぎをくれる。

way of life
called
minimum rich

7

掃除で心を清める時間を持つ

「掃除はカウンセリングくらい効果がある」と言われていますが、「何となくついてないな」「流れが悪いな」と感じる時は、掃除をします。

まずは、窓を開けて、部屋中に風を通します。運のいいお金持ちのお客様ほど、「家は陽当たりより風通しが大事」と仰っていたことを思い出します。「悪循環」という言葉がありますが、空気が循環しないと、運気は停滞し、上がっていかないのです。

つづいて、玄関とトイレを徹底的にキレイにします。エネルギーを循環させるには、入口と出口をキレイに整えることが大事だからです。よく、「玄関を見れば暮らしぶりがわかる」と言われますが、玄関にたくさんの靴が脱ぎっぱなしで散らかっていると、いい運は入ってこなくなります。京都の名店と言われている割烹料理屋は、キレイに掃き清められた店の前に打ち水がしてあり、一流のプライドとおもてなしの心が玄関から感じられます。一目でおいしい店であること、接客も素晴らしい店とわかります。玄関が店の顔であるように、自宅の玄関は自分の顔であり、「在り方」を示す場所です。

また、定期的に「磨くこと」を取り入れると、心が清められます。水回りを磨くと、心のぬめりも洗い流されます。特に蛇口をピカピカにすると、一気に新品感が出てテンションが上がります。お勧めは『茂木和哉』という秋田の温泉生まれの水垢洗剤。温泉浴場の清掃現場で使われているクレンザーで、浴槽の鏡もキレイに磨くと、心もピカピカになります。

そして掃除の後は、ハンドケアも入念に。手は、年齢が一番出るところ。ご褒美のハンドクリームをたっぷりと深部まで染み込ませるように塗ります。プレゼントでいただいたシャネルの『ラ クレーム マン』は可愛い卵型のフォルムに心が躍りました。テクスチャーもリッチで肌が柔らかく瑞々しく蘇ります。最高にミニマムリッチな品で、掃除は終了。家も心もピカピカになる充実感が、いい運気を運んでくれます。

minimum action

玄関・トイレ・水回りの掃除と仕上げのハンドクリームで、心もピカピカにする。

way of life
called
minimum rich

8

何気ない家事で自分を取り戻す

ずっと専業主婦で、３人の子供を育て上げた友人宅にお邪魔した時でした。亡くなったお母様から受け継いだという糠床から、お茶請けにと、糠漬けを出してくれました。

とてもおいしい糠漬けをいただきながら、毎日、お母様への思いとともに、糠床をかき交ぜている彼女の優しさや包容力が味に染みわたっていると感じました。

いつも私に、「外で仕事をして羨ましいわ」「私なんて家事しかできない」と言っていましたが、私は、彼女の安定感が「すごいな」「素敵だな」と心から感じていました。

これは、ただ単に主婦はすごいという話ではありません。毎日、糠床をかき交ぜることは、「自分では特に力まずに、ずっとやってきたこと」だからこそ、自分を支える大きな土台になっている気がしたのです。彼女は気づいていないかもしれませんが、そんな何気ない毎日をしっかりやっていることが、彼女の強みであり美しさなのです。糠床には、彼女の人生が詰まっています。

外で働いていても、働いていなくても、ひとり暮らしでも、家族と暮らしていても、家事は毎日することです。家事を丁寧に続けていくことが、生きる土台となっていきます。

何を着て、何を食べて、どんな風に暮らしていくかを選択することが未来の自分をつくる。何気ない家事の中に、「人生っていいね」というものが、たくさん隠れているのだと思います。

会社で表彰されたり、メジャーなものに取り上げられたりすることは「いいね」を集めやすいですし、どうしてもそちらに目がいきがちですが、自分の土台を作ってくれるのは、そんな晴れがましい舞台ではないと思います。

土台がしっかりとしている人は、揺るがないし、壊れない。忘れがちなことだけど、土台をつくる日常の時間を丁寧に、力まずに、やっていく。そんな丁寧な時間は、ミニマムリッチだと思います。

minimum action

日々の家事こそ丁寧に、力まずに続ける。それが生きる土台をつくってくれる。

way of life
called
minimum rich

9

穏やかな毎日を守る夜の習慣

夜のひとりの時間は、生まれ変わるための美活時間です。今日の疲れやストレスをリセットして、ゼロにします。そのためには、「ゆるめること」。あれもこれもという「ながら」は止めて、心も体もゆるめて、「ゆったり」を抱きしめて過ごします。

不安や恐れを感じている時は、頭皮も硬くなり、肩も首も石のようになっていますから、ストレッチやセルフマッサージで体をほぐして、心には希望の光をともしたいなと思います。

昼間は「公の自分」を磨く時間、夜は「私の自分」を磨く時間です。

人生をアップグレードするベースは、夜の時間につくっていきます。ベースとなるのは、「感謝と希望」。メディアからは、日々暗いニュースが飛び込んできます。こんな不安な世の中だからこそ、明日への希望こそが必要です。人は希望がないと生きていけないから。

不朽の名作映画『ショーシャンクの空に』の主人公アンディは、「希望はいいものだ。誰も奪うことができない」と、どんな困難な状況でも希望を失うことはありませんでした。希望が生んだ、心が揺さぶられる人間ドラマで、何度観ても、涙が止まりません。

希望が持てない時、心は暗雲のような不安で一杯になります。不安って、そこに焦点を当てるとアメーバのように増殖していきます。お金の不安、健康の不安、仕事の不安など、考え出したら、きりがありません。けれど、「まだ起こっていないことは、ないことと同じ」ですよね。「ないこと」を考える続ける時間は無意味です。「この先、どうなっちゃうんだろう？」という問いには、誰も答えることができません。

自分に訊くのは、「どうなるの？」ではなく「どうしたい？」です。ベッドに入ったら、「明日は、どんな一日にしたい？」と自分に訊いてみます。明日が来るのは、当たり前ではないはず。この一日は、生きたかった誰かの一日かもしれない。そう思うと、明日が来ることは奇跡です。今日一日の感謝と小さな希望を抱きしめて、穏やかな夜を過ごしましょう。

minimum action

ベッドに入ったら、「明日は、どんな一日にしたい？」と自分に問いかける。

minimum rich column 5

風景とともに彩りを変える エルメス・Hウォッチ

フランスが大好きで、よくパリに長期滞在していたそのお客様は、パリジェンヌのようなシックな着こなしが、とても素敵な方でした。

当時、私が働いていた神戸のショップの前のオープンカフェに、愛犬とよく来られていました。

垢抜けた雰囲気は、神戸元町の居留地の街並みに、よく似合っていました。優雅にお茶を飲む姿は、ファッション雑誌の一ページのように洗練されていて、辺りに外国の匂いを放っていました。

素敵な装いは、素敵な風景をつくるのです。

そのお客様が愛用していた時計が、エルメスのHウォッチです。アルファベットのHの形をした象徴的な四角いベゼルに上質な革ベルトがついたその時計は、上品で洗練されていて、おしゃれ上級者であるお客様の着こなしにぴったりでした。

エルメスと言えば、革のグレードの高さで有名ですが、この時計についている革ベルトの質の高さとステッチの見事さ、発色の美しさには目を奪われます。この色は、エルメスしか出せない色なのかもしれません。

そのお客様は、季節によって、また服装によってベルトをチェンジし、色も変えていました。エルメス独特の美しい色のベルトコレクションは、コーディネイトを引き立てる華やかなアクセントにもなっていて、いつも注目していました。

手元の美しさを引き立てるその時計のベルトは、二重巻にもなります。夏服でノースリーブをお召しの時は、二重巻のベルトがブレスレットのような存在感を放ち、そのお客様のアイコンのようになっていました。

お客様と、この時計との出会いはパリで、フラワーデザイナーとして独立した人生の節目に買った思い出の品だということでした。大きな仕事が終わった時や、新しい仕事を請け負う時に、決まってパリに旅立っていました。その時ベルトをチェンジすることで、新たなスタートラインに立つ気持ちになれたそうです。

確かに、時計は一日に何度も見るモノですから、時計を変えると気分も変わるように、ベルトを変えることで、また新鮮な気分になれるのだと思いました。ベルトを変えれば、流れる時間の彩りも変わったように感じるのではないでしょうか。

この時計は、「時間をいかようにも変えられるチャンスが、あなたにはあるのよ」と教えてくれるような気がしました。

時間は、私たちの手とともにあって、自分の手でピンチもチャンスに変えていけるのだと。

美しい色の世界観の中で、お客様の彩り豊かな時間は、あの素敵な時計とともに今も流れているのだと思います。

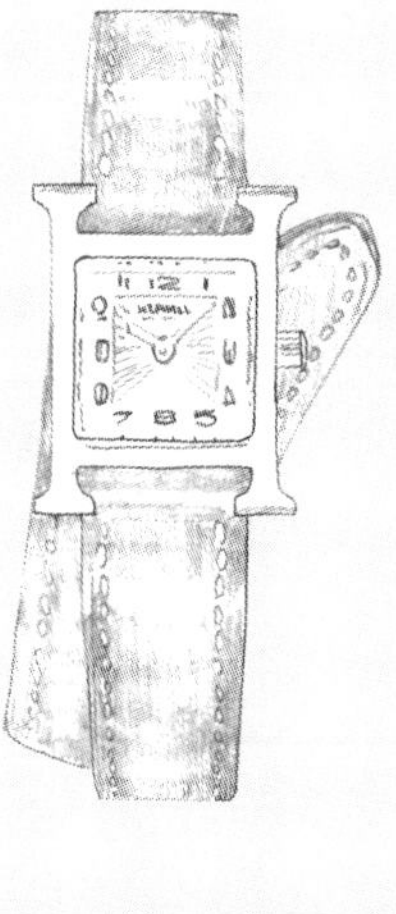

五感から自分を癒やしてくれる感覚を選び、それを満たすように過ごせば、自分らしい美意識が育っていく。

木曜日は浄化と調整、日曜日はチャージの日。木曜の午前中と日曜の朝は、ゆったりと過ごす。

肌に触れるタオルやアメニティは上質なものを選ぶ。旅先での出会いをヒントに。

公共の場では、一日一善。誰も見ていなくても、目に見えない品格がポイントのように溜まっていく。

心の余裕がなくなってきたら、キャンドルを焚く。揺れる火を眺めていれば、心もあたたまってくる。

元気がない時は花屋に寄って帰る。一輪の花が、心にも部屋にも華やぎをくれる。

玄関・トイレ・水回りの掃除と仕上げのハンドクリームで、心もピカピカにする。

日々の家事こそ丁寧に、力まずに続ける。それが生きる土台をつくってくれる。

ベッドに入ったら、「明日は、どんな一日にしたい?」と自分に問いかける。

chapter

6

私らしい選択としあわせの美学

何を手放し、何にこだわるか?
自分らしく生きるための軸を持ちましょう。

way of life
called
minimum rich

1

真の美容とは、本来持っている資質を高めること

上質なものは、本当の満足や豊かさを与えてくれます。だからこそ、自分自身の外見も内面も上質を目指したいと思います。

上質でいるために必要なのは、「元々持っている資質を磨くこと」ではないでしょうか。元々の素材が磨かれていれば、洋服やメイクがシンプルでも、十分に映える存在感を放つのです。

けれど、忙しい毎日の中では、なかなか思うようなメンテナンスができません。疲れた日は、顔を洗うだけで寝てしまったりして、朝、後悔することもあります。「何とかしなくては」とモデルさんや女優さんの化粧品や美容法を雑誌で見たりしますが、あまり背伸びをしたものは続けられないと思ってしまいます。

忙しい大人の女性に必要なことは、あれもこれもと欲張るのではなく、取捨選択をして、「今の自分に必要なモノだけを、毎日丁寧に、自分を労わりながら続けていくこと」だと思っています。

今の私が、「これだけは」と決め、丁寧に素材自体をケアしているのは、「肌・歯・髪」です。この3つの素材が艶やかで輝いていれば、清潔感と品格が保てると思っています。

基本は、汚れを取ること。クレンジングです。汚れを取り除かないと、栄養も入っていきません。

私は、ファンデーションに頼るのを止め、日焼け止めとコンシーラー、お粉をはたくだけのベースメイクに変えました。隠すための厚塗りは、美しくないからです。

歯は、歯科医院で定期的に着色や歯石を取りますが、日々のブラッシングが大事なので、夜はバスタイムに湯船につかりながら、10分間かけて丁寧に磨きます。

顔の中の白い部分、歯や目の白い部分が明るいと、顔が活き活きと見えますから、目が充血した時は、パリの薬局で売っていた、『INNOXA（イノクサ）』という青い目薬を使っています。

そして、髪は年齢とともに細くなるので、バスタイム前の3分間、『メイソンピアソン』の猪毛のブラシと、『アヴェダ』のスカルプブラシを使ってブラッシングします。

顔と頭皮は一枚の皮なので、頭皮を引っ張り上げるようにブラッシングし、マッサージをします。

毎日3分〜10分のメンテナンスを続けることで、未来が変わります。

そして、存在自体が若々しく内側からも輝くためには、何よりも健康であること。余計な脂肪は捨てて、体幹を鍛えます。「体の内側に上質な軸をつくる」ことを目指して、私はヨガやピラティスを続けています。

何でも相談できる、かかりつけの産婦人科を持つことも大事です。私は信頼できる女医さんに、体調の変化も細かく相談します。季節の変わり目に感じる自律神経の不調も、ホルモンの影響を受けていることがあるからです。

女性はホルモンバランスが崩れると、ご機嫌で毎日を過ごせなくなりますから、信頼できるプロの手を借りて定期的にチェックし、自分の手で最低限の体調管理を丁寧にやっていくことが重要だと思っています。

近年は、フリーアナウンサーの近藤サトさんのシルバーヘアが話題になっていますが、近藤サトさんのありのままのシルバーヘアが素敵だと感じるのは、髪の艶や肌の美しさ、そして仕事への自信、生き方までがトータルとして美しく、エネルギーを感じるからこそだと思っています。髪以外のメンテナンスも完璧であること、存在自体がオーラを放っているからこそ、シルバーヘアは輝くのです。大人の女性としての上質な軸があるからこそだと思っています。

ありのままの美しさやシンプルな装いが輝くのは、日々のメンテナンスがあってこそです。ですから、ただの無精で「ありのままでいること」を真似しても、ただの「老け」や「ズボラ」になってしまう恐れがあります。

「サボればサビる」と言った女優さんがいました。

美しい人ほど、外見も内面も状態を大きく落ち込ませないように、日々のチェックを怠らないようにしています。それは、仕事もスポーツも同じです。よくスポーツ選手が「休むとカンが戻らない」と言いますが、サボってしまうと元に戻るまでが大変です。

メンテナンスをしなければ、あっという間にサビていきますから、髪も肌も体も素材自体を磨き、日々健やかに新陳代謝させることです。

ただ、あれもこれもと躍起になって、すべてをやる必要はありません。目指す女性像を決め、それ以外は潔く捨てます。

私の場合は、ジェルネイルと、まつ毛エクステはやめました。

爪の甘皮の手入れは定期的にしますし、まつ毛のトリートメント剤は塗りますが、爪が薄く、まつ毛も接着剤に弱いので、まずは素材そのものを健康にすることを目指すことにしました。

きっかけは、女優の井川遥さんに偶然お会いした時、そのナチュラルな美しさにハッとしたからです。「とても幸せそうだな」と思いました。その場の空気がふわりとゆるんだように感じました。きっと日々の暮らしを丁寧に重ねているのだろう、と感じさせる余白をまとっていました。頑張りすぎないしなやかさが、薄いベールのように、井川さんの周りを包んでいました。

この時、大人の美しさをキープしていくには、内面や暮らし方まで含めて、素材自体を底上げしていくしかないのだと知りました。「これをやれば一発逆転できる」ということはありません。「今の自分に必要だと思うケアを取捨選択する」、そして「毎日丁寧に楽しみながらキレイを育てていくこと」。これが、ミニマムリッチな大人美容だと思っています。

minimum action

大人の美しさを保つには、素材を磨くこと。「肌・歯・髪」などポイントを絞って、今の自分に必要なところだけ、丁寧にメンテナンスする。

way of life
called
minimum rich

2

自分の生き方を肯定すれば、洋服も大事なものしか残らない

「手に入れたいものにふさわしい服装をさえしていれば、人生で欲しいものはなんでも手に入る」

そう言ったのは、映画『ローマの休日』『麗しのサブリナ』などで、アカデミー賞の衣装デザイン賞を受賞したデザイナー、イデス・ヘッドという女性です。

この「手に入れたいものにふさわしい服装」というのは、「理想の自分が表現できる服装であり、TPOに合った服装」ということだと私は解釈しています。

当時、豪華な衣装が多かったハリウッド映画に、シンプルなデザインの服装を持ち込んだと言われています。

シンプルなワンピースやサブリナパンツは、オードリー・ヘップバーンの知的な可愛さを引き立てていました。

服装というのは、「私はこんな人です」ということを、ひと目でわかってもらえるコミュニケーションツールでもあります。

着ている服に興味を持ってもらうことができると、初対面でも相手から話しかけてもらえることがあります。

私が小学生だった時のことですが、母が洋服を好きだったので、私も自然と洋服が好きになりました。１５０センチくらい身長があった12歳の私は、茶色のジャージ素材のミニのワンピースにアーガイルのハイソックスというスタイルがお気に入りで、大人っぽい容姿は、よく先生と間違えられました。その服装のおかげで、他のクラスの子からも話しかけられたりして、内向的だった性格も変わっていったのです。

「素敵な洋服は自信をくれる」。小学6年生の私は、そう感じました。

そんな経験もあって、大人になってから、アパレル業界を就職先に選びました。しかし、ファッションの仕事といっても現実は、決して華やかなことばかりではありません。地味に続くルーティンをこなすことが精一杯で、おしゃれを楽しむ余裕をなくしていました。

その時上司に、「好奇心とユーモアを忘れないこと、そして素敵な洋服を身につけていれば、人生は上手くいく」と言われたのです。この言葉は、今も忘れられません。

洋服は、その人の生き方を示すものでもあります。

大人になると、ある日突然、「今まで着ていた洋服が似合わなくなった」と感じる時が来ます。その時は、生き方のステージが変わる合図であり、身についてしまった余計なものを捨てるチャンスだと思います。

私は、透明感を取り戻したい、清潔感を一番大事にすると決めて、「白色」を好んで着ることにしました。白色は一番明度が高い色なので、顔色を明るく見せてくれる効果があるからです。そして、「洗い立てのモノ、クリーニングから返ってきたモノを着る」「黄ばんだモノは潔く捨てる」というルールを決めました。

私の友人は、膝下5センチ丈のタイトスカートと8・5センチヒールのパンプスが一番自分に似合うと再認識し、それ以外は捨てたそうです。秘書として第一線で働く彼女の美しい立ち姿が映える、絶妙のバランスだと思いました。

捨てるモノを決めるには、まず「なりたい女性のイメージ」を決めることです。

あなたのなりたい女性は、どんなイメージですか？

具体的にイメージできない時は、ファッション雑誌で、理想のイメージにぴったりだなと思う着こなしを選んで、スクラップしていくと、なりたい女性像がはっきりしてきます。そこにないアイテムは思い切って捨てていきます。捨てるアイテムを決めることで、自分らしさが見えてきます。

minimum action

洋服は、自分を表現する手段。理想の生き方にふさわしいもの以外は、思い切って捨てる。

way of life
called
minimum rich

3

自分らしい幸せは「引き算」のあとに残るもの

私が憧れる素敵な大人の女性とは、潔い人です。

いつも群れない、媚びない、迷わない。颯爽としていて正直で、すべてが自己責任とわかっているような生き方をしている人です。

洋服も生き方も、多くのものを持とうと必死になったりしません。自分らしい幸せや美しさは、これだとわかっているから、それ以外のことに心揺れたり、迷ったりしないのです。

そんな人のおしゃれは、「引き算」です。

トレードマークのショートカットに赤いリップだけという女性は、いつもVネックしか着ませんでした。鎖骨の美しさが印象的で、シンプルなスタイルでしたが、いつもいい匂いがしました。ファッションやメイクより香りにこだわりがあったのだと思います。

また、メガネが好きで、スタイリッシュなメガネがトレードマークだった女性は、アクセサリーは、いっさいつけませんでした。服装は、若い頃から買い集めた白いシャツをいつも着ていました。

こだわるところを決めたら、それ以外はシンプルに徹します。他がシンプルだからこそ、こだわるところが目立つのです。

こだわるところは、自分が一番ときめくものです。買い物に行っても、毎回、ついつい見てしまうもの、他のものよりも沸点が低く、「わぁ」と舞い上がり、心が躍るものです。

私の場合は靴なので、それ以外は、特にこだわることはやめました。

出かける時は、まずは先に靴から選び、その後、ボトム、トップスと下から順番に決めていきます。

靴がお気に入りならテンションがあがります。靴以外はシンプルでも十分、満足だと思うようになりました。

洋服よりインテリアの方が好きな友人は、一番ときめく「白い食器」だけ残して、あとは潔く処分しました。これを機に、タオルも白しか買わないことに決めたそうです。

彼女の家には、トイレの便座カバーやスリッパ、玄関マットやラグもありません。洗うモノは少なくする、床を掃除しやすいようにと考えてのことです。

自分の心地よさを追求すれば、いらないモノは見えてくるのです。

足し算よりも、引き算で素敵になることを大人の女性は知っています。

足したくなったら、まずは引く。引くだけ引いて、余白ができたら、本当に心地よいモノだけをひとつだけ足す。

そうすれば、人を羨むことのない、シンプルな自分だけのお気に入りスタイルの出来上がりです。

minimum action

大人のおしゃれは「引き算」が基本。一番ときめくものにだけこだわり、あとはシンプルに徹する。

way of life
called
minimum rich

4

「やめられない」をやめて変化を楽しむ

「やりたいことがわからない」という人も、「やめたいことならある」と言います。けれど、「やめたいけど、やめられない」と思ってしまいますよね。「やめれば誰かに迷惑がかかるし、やめる時にお金もかかるし」と、やめない言い訳はいくつでも出てきます。けれど、やめたいことを、いつまでもやっていると、幸せになるべき道からどんどん外れていきます。

やめたいけれど、仕方なくやっている毎日は、本当に疲れます。疲れは余裕のなさを生み出すので、だんだんと顔つきや態度もトゲトゲしたものに変わっていきます。

やめたいことをやめれば、心地よいものだけが残るのです。心地よいものを抱きしめていると、ワクワクします。ワクワクを抱きしめている毎日を送っていると、もっとやりたいことが見えてきます。そうすると、本来、進むべき道が見えてきますから、夢や目標にたどり着きやすくなります。

たぶん、やめられない、捨てられない人は「変化が怖い」「先が見えなくなることが怖い」ということもあると思います。

けれど、「見えないことは不安」と考えるか、「見えないことは可能性が無限大」と考えるかによって未来が変わります。

変わることはエネルギーも必要だし、痛みもストレスも伴います。けれど、時間が経てば徐々に慣れていきます。

変化を恐れないこと。変化に強くなること。変化を受け入れることに慣れていくこと。

それが、しなやかに若々しく生きていくために、大切なことだと思います。時間は流れているし、細胞も日々、生まれ変わっているから、自然の摂理に従えば、いつまでも同じところにはいられないからです。

最初は、変化に慣れず、体も心もついていけないこともありますが、その状況に慣れる頃には、いつのまにか何かを手にしていることは間違いありません。

ある商品開発を仕事にしている人が、「昔はヒット商品を出したら、10年はこれで食べていけると思っていたけど、最近は時代のサイクルが早くて5年持たない」と言っていました。確かに、変化するサイクルが昔より早くなっていると感じます。

だからこそ、自分の中のブレない軸は大切に守りながら、どんどん変わっていくものは受け入れ、順応していくための余白をつくっておく必要があります。「また、変わったのね」と、しなやかに受け入れながらも、「ここだけは変わりません」というものは譲らない。そんなバランス感覚を養うことが必要です。自分らしいものは必ず残っていくから、怖がる必要はないのです。大事なことは、怖がることを手放すこと。変化を楽しみましょう。人生は旅ですから、変わりゆく景色をゆったりとした気持ちで堪能しましょう。

minimum action

やめたいことをやめなければ、幸せには近づけない。やめたことで訪れる変化を、ゆったりと楽しむ気持ちをもつ。

way of life
called
minimum rich

5

目に見えないところを大事にすれば、品格が育つ

「バッグのクオリティを決めるのは、パーツのグレード」というお話をしましたが、もうひとつ「裏地のクオリティ」があります。裏地の素材が高級だと、当然、値段も高くなります。バッグだけでなく、ジャケットやコートの裏地も同様です。20年前に買ったロエベのレザーコートの裏地は手触りのいいシルクで、袖を通した時の心地よさが、このコートを長年愛用してきた理由でもあります。さすがに擦り切れてきたので、ショップに持ち込み、全部張り替えてもらったら、新品のように生まれ変わってきました。「裏地のクオリティが高いと、品格を感じる」と改めて思ったのです。

品格とは端や裏、内側から、漂ってくるのかもしれません。内側まで美しい箱に入ったお菓子は高級だと感じませんか？人も同じです。内側と角（端）が品格を物語ります。先端である髪、手、靴の手入れはもちろんですが、普段は人から見えない部分のクオリティを上げることも大事だと思います。例えば、かかとがガサガサだったり、下着がボロボロだったりすると、人からは見えないのですが、何となくズボラ感が透けて見えてしまうような気がします。

それに、人はプラスより、マイナスに目が行くもので、ファッションもメイクも完璧な人のストッキングが伝線していたり、クチャクチャのハンカチを出されることの方に注目してしまうのです。

忙しい時は細かいところまで気が回らなくても、日々の習慣づけで、ある程度の水準はキープすることができると思います。

着ている下着は家に帰って、ホームウエアに着替えると同時に手洗いする習慣をつけると長持ちしますし、かかとの手入れは爪の手入れとセットで行えば忘れません。ハンカチはノーアイロンでもOKの形状記憶のモノや素材のいいモノを買います。下着やハンカチは、「どうでもいいモノを買わない」アイテムの代表格です。セール時に、ちょっといいモノが安くなっている時にまとめ買いしたり、大人磨きのために『ラペルラ』などの高級ランジェリーを自分のために選んでみるのもお勧めです。

どうでもいいモノを買わないというのは、節約とは違います。どんなに安くても、付加価値を感じないモノは、必要ありません。見えない部分をケチってしまうと、気持ちも貧相になってきます。見えない部分がエレガントだと所作も変わります。

裏の部分というのは、その人の裏表紙みたいなものです。裏があってこそ、表が引き立つし、裏がしっかりしていると、全体のクオリティを底上げしてくれます。

大人になったら、表はよりシンプルに、裏は最低限の品格をキープすること。人には見せない顔、人が見ない場所、「ひとりの時間」のクオリティが、その人の品格を決めます。

minimum action

見えないところが品格を物語る。普段は見えないかかとや下着、ハンカチなどの手入れも怠らないこと。

way of life
called
minimum rich

6

心の軽さは「規律」で得られる

「秋に女性は歳をとる」と言われていますが、夏の疲れやダメージが出る秋こそ、自分を十分に労わる必要があります。人生の秋、歳を重ねてからも同じです。メンテナンスに十分時間をかけます。この時間が心の潤いや艶も生み出してくれます。

「大人女性の人生はメンテナンス次第」だと思っています。

その日の汚れや疲れは、その日のうちに洗い流して、栄養を与えて、また明日を迎える。どんなに眠くても、自分で決めたメンテナンスのルーティンを守るのは、だらしない大人にならないためのマイルールです。

歳を重ねていくと、「もう諦めればいいじゃない」と囁く、もうひとりの自分がいます。けれど、そんな声ばかりに耳を傾けていては、「だらしなさ」や「清潔感のなさ」が満載の大人になってしまう気がするのです。ダラダラした体や心の「淀み、歪み」は、仕事や人間関係にもいい影響は与えないので、「まずいな」と思うのです。

歳を重ねると、残りの時間も限られてきたという実感があります。いい加減な気持ちで時間を使わないこと、丁寧な時間を過ごすことで、大人女性の美点である「心の軽さ」や「ゆとり」を生み出すのだと思っています。

小中高と、私たちには学校での時間割りがあり、規則正しい生活をしていました。規律や秩序を守る生活は、決して自由ではなかったけれど安定感はあったように思います。

今でも、学校のチャイムの音を聞くと、ほっとした気持ちになりませんか？　これは懐かしさだけではなく、あのチャイムで、心の切り替えができていた感覚が思い出されるからだと思います。

私は、ひとり暮らしを始めた時、すべてが自分次第なので、「お菓子ばかり食べていても怒られないし、掃除をしなくても、テレビばかり観ていてもＯＫ。なんて自由なんだろう」と思いました。しかし、自由とは自己責任を伴います。時間の使い方を間違って、結果、窮地に立たされたとしても、すべては自業自得。「時間管理とは行動管理だ」と思い知ったのです。

時間をただ消費していると、心も不安定になることがあります。

心が不安定な時こそ、自分で規律をつくります。

例えば、「寝る前には15分のストレッチ」、「ごみの日には、朝5分の整理整頓」など、多少、面倒に感じる規律です。スーパーの揚げ物は買わないと決めたり、帰り道に毎日寄るコンビニに、今月は寄らない、目を瞑って通りすぎる。そんな少しのやせ我慢が必要です。自分の時間割りを見直し、その一コマ一コマを丁寧に過ごすことで、自分の軸が鍛えられていくと思うのです。歳を重ねると、必要なのは軸の強さ。これがあれば、体も心も真っすぐにしなやかに立っていられます。

minimum action

身も心もしなやかな女性でいつづけるには、自分で規律を決めて、少しのやせ我慢でそれを守ること。

way of life
called
minimum rich

7

マイルールがあれば、めげているだけの時間を手放せる

大きなミスをして落ち込んでいた時、あるスポーツチームのプロコーチの方から、こんな話を聞きました。「勝っても負けても、その気持ちは24時間経ったらリセットする」という「24時間ルール」があるというのです。勝って大喜びしても、負けて悔し泣きしても、その気持ちは24時間でストップ、またゼロからスタートするといいます。

そのコーチのチームが連覇中だったこともあり、「強さの秘密は、このルールがあるからなのかな」と思った記憶があります。

それからは、私も、大きなミスをしても、小さな成功体験があっても、その瞬間に時計を見る癖がつきました。「今、8時。24時間ルールでは、明日の8時まで」と、自分の時計に約束するようになりました。

その時間になったら、「切り替えよう」「リセットして次」と意識するだけで、行動が変わってきます。

気持ちがなかなかゼロベースに戻せない時は、家の掃除をしてリセットします。昨日までのごみを集めて全部捨て、ごみ箱を空っぽにします。そして、ベットメイキングを完璧にして、グラスをピカピカに磨いて並べ直します。

んで並べます。ホテルに泊まった時、次の日には完璧に元の状態に戻っているイメージをも

ってやると、スッキリします。洗面所には洗濯したてのタオルをキレイに畳

「もう歳だから」という理由で、挑戦すること、新しく始めることを躊躇してしまう時は、

「10年マイナスルール」を発動します。これは、ある人生相談の答えにあったものです。

この「10年マイナスルール」とは、「私は、今、10年前の自分に戻してもらっている」と自

分を勘違いさせるのです。例えば、今、35歳のあなたなら、「本当は45歳なんだけど、抽選に

当たって、特別に35歳にしてもらった」と、時計を巻き戻すのです。そうすれば、「ラッキ

ー」と思えて、「今しかない」と行動力が増します。

「年齢なんてただの数字、カウント」と思えず、とらわれてしまっている人も多いと思いま

す。10歳年下の人を見ると「若くていいな。何でもできるね」と思うし、10歳年上の人から

は、「まだ若いわ。いいわね」と言われるのではないでしょうか。

時は、刻々と未来へと流れていっているから、考えてみれば、「今の自分が、一番若い」ですよね。

今が一番、若いなら、始めるなら今なのです。「もう遅い」ということは、生きている限りありません。さらに、10年前に戻してもらったとするなら、今すぐ行動しなければもったいない。10年くらいあっという間だからです。

10歳若返った（はずの）今のあなたが、やってみたいことは何ですか？

その声に耳を傾けて、小さな一歩をふみ出しましょう。その一歩が、すべての始まりです。

minimum action

気持ちを切り替えられない時は「24時間ルール」、年齢にとらわれて動けない時は「10年マイナスルール」を発動する。

way of life
called
minimum rich

8

「仕合せ」の意味を知っていますか？

中島みゆきさんの名曲、「糸」に、こんな歌詞があります。

「縦の糸はあなた　横の糸は私　逢うべき糸に　出会えることを　人は仕合せ　と呼びます」

「幸せ」ではなく、なぜ「仕合せ」なんだろう、と思って調べてみたら、「仕合せ」という言葉には、「めぐりあわせ」という意味があるそうです。

出会いということですね。誰かと出会い、縦糸と横糸が織り重なり、時間をかけて布となっていく。これは、人生の醍醐味ではないかと感じました。

歌詞には、「織りなす布は　いつか誰かを　暖めうるかもしれない」とあります。

本来、出会うべき人と人がつながり、時間をかけて織った布は、どこかで誰かの役に立っていくのです。

あなたが、いままで織ってきた時間は、どんな布に仕上がりましたか？

「この人とやった仕事で、ありがとうと言われた」「あの人に誘われてやったことで、仲間の輪ができた」など、きっと、今も、どこかで、誰かをあたためているのだと思います。

大切な誰かと出会うことが「仕合せ」。出会うためには、行動することです。行動することは、希望という糸をつないでいくこと。「仕合せになりたい」という思いがあれば、必ずつながっていきます。いい出会いが、また誰かを仕合せにしていくのです。人生の時間を大切にするということは、出会いを大切にすることではないでしょうか。

人は、せっかく出会っても別れてしまうと、別れに焦点を当てて虚しくなってしまうことがありますが、別れは仕方がないことです。

別れを気にするよりも、「出会ったこと」に感謝します。出会ったこと、一緒に過ごした日々に、意味があります。

たいていの場合、多くの人とは出会うこともないまま、すれ違ったままです。会うことさえできない人が大勢いるわけですから、「出会ったことは奇跡」なのです。

出会った奇跡に感謝する気持ちが、人生を豊かにします。

そんな出会いを引き寄せるには、自分に正直になること。

ひとりの時間の中で、自分を解放して、正直でいましょう。

運命の相手と出会うためには、自分が自分らしくいる必要があります。なぜなら、偽りの自分で生きていると、本来つながるはずの糸に出会わなくなるからです。

お気に入りの時計とともに、ひとりの時間に、自分の心と丁寧に向き合う習慣をもっていれば、自分らしい色の、しなやかな糸がつながっていきます。

耳をすませば、仕合わせになるための時計の音が聞こえてきませんか？

あなたの聞いているその音が、上質で美しく、豊かな音でありますように。

minimum action

人生を大切にするとは、出会いを大切にすること。ひとりの時間に自分を解放して、自分に正直でいれば、自分らしい出会いとしあわせにつながる。

minimum
rich
column

6

華やかさと知性を併せ持つ
カルティエ・タンクアメリカン

憧れの大人女性とは、華やかさと知性の両方を感じる人ではないでしょうか？

話す言葉が美しく、的を射ていて、内面のエレガントさが所作や表情にも表れている。外見はシンプルな着こなしの中にも華があって、そこにいるだけでオーラを放つ。

そんな女性の代表だと、私が長年、憧れ続けている存在とは、ジャクリーヌ・ケネディ・オナシス、第35代アメリカ合衆国大統領ジョン・ケネディ夫人です。

おしゃれなファーストレディの先駆けとなった、愛称・ジャッキー。彼女が愛した時計が、カルティエの「タンクアメリカン」だと言われています。

私がファッション雑誌で見たジャッキーのスタイルは、アメリカントラッド。晩年、編集者としても働いていた彼女のワーキングファッションは、機能的でありながら、上品で洗練されていました。

70年トラッドは、今も人気がありますが、ベージュのジャケットの袖から見えていた茶色の皮ベルトのタンクは、ゴールドのスクエア型のベゼルで、そのフォルムの美しさは、華やかさと知性を兼ね備えたジャッキーにぴったりでした。

その時計を見た瞬間、「仕事に誇りを持ち、凛と生きていく」という姿勢や覚悟が伝わってきて、かけがえのない人生の時間を刻んでくれる時計は、これしかないと思いました。

ビジネスの場面では、自分に自信を与えてくれて、尚且つ、相手にも信頼を感じてもらえる時計です。

そして、ワーキングシーンのジャケットやビジネススーツに、品格と華やかさをプラスしてくれるのです。

「この時計に見合った仕事をしよう」と、モチベーションが高まるのを感じられ、仕事をアイデンティティとする大人のワーキングウーマンには、ぴったりな時計です。

このタンクシリーズは歴史があり、マドンナやダイアナ妃も愛用されていて、時代のアイコンとなったモデルがあるようです。六本木ヒルズにカルティエのブティックがオープンした時のセレモニーで、今は廃盤となっている、有名アーティストや王妃が愛したモデルを見ることができました。

私が時計に対して特別な思いを抱くようになったのは、このタンクシリーズとの出会いが始まりです。永遠の憧れの女性として存在しているジャッキーモデルが、時計の美しさと奥深さを教えてくれました。時計は人生という大事な時を刻むもの、生き方を表すアイテムとして、存在することを学んだのです。

もし、これからの人生、3つしか持って歩けないと言われたら、1つは間違いなくこの時計、カルティエのタンクを選びます。あとの2つは、遠くまで歩ける素敵な靴と、大切なモノだけが入る小さなバッグです。

minimum actions for a minimum rich life

大人の美しさを保つには、素材を磨くこと。「肌・歯・髪」などポイントを絞って、今の自分に必要なところだけ、丁寧にメンテナンスする。

洋服は、自分を表現する手段。理想の生き方にふさわしいもの以外は、思い切って捨てる。

大人のおしゃれは「引き算」が基本。一番ときめくものにだけこだわり、あとはシンプルに徹する。

やめたいことをやめなければ、幸せには近づけない。やめたことで訪れる変化を、ゆったりと楽しむ気持ちをもつ。

見えないところが品格を物語る。普段は見えないかかとや下着、ハンカチなどの手入れも怠らないこと。

身も心もしなやかな女性でいつづけるには、自分で規律を決めて、少しのやせ我慢でそれを守ること。

気持ちを切り替えられない時は「24時間ルール」、年齢にとらわれて動けない時は「10年マイナスルール」を発動する。

人生を大切にするとは、出会いを大切にすること。ひとりの時間に自分を解放して、自分に正直でいれば、自分らしい出会いとしあわせにつながる。

おわりに

最後までお読みいただき、ありがとうございます。

この本とともにある、あなたの「ひとりの時間」が、少しでも豊かに感じていただけたなら、こんなに嬉しいことはありません。


ひとりでいることは寂しさを感じる時もありますが、そんな時間があるからこそ、友人や家族と過ごす時間が愛しく思えるのではないでしょうか。

時には、オフラインにすることで見えてくるものもあります。

私は、スマホを持つようになってから、「余白」と感じる時間がなくなっていくように感じました。

余白がないと、「こだわり」を持つ、ゆとりやぬくもりがなくなってしまいます。

そうすると、だんだんと、本来歩むはずの自分の人生からズレてしまう、本当の満足を得られなくなってしまうと思いました。

いつも少しの余白を持っておくことは、上質で豊かな人生を歩むために大切なことです。そのためには、選んだひとつひとつのモノを丁寧に扱い、本当の自分と向き合い、こだわりを持って過ごすための、ひとりの時間が必要です。

そしてその時間は、お気に入りの時計と過ごします。

ただ時間を確認するだけなら何でもいいのですが、時計は装飾品を超えた特別な存在だと思っています。

デジタル全盛、つながり過多の時代だからこそ、ひとりの時間を大切にしたい。上質なひとり時間を刻んでくれる時計が、私にとっては必要だと気づいたのです。

時計は持ち主の内面を映し出すものです。

人生の節目には、これからの理想の自分の生き方を表現するような時計を手に入れ、パートナーとしてともに時を刻んでみてはいかがでしょうか。

時間は人生で何よりも大切なものだから。あなたの時計はかけがえのない人生を生きた証として、優しく見守ってくれるのです。

最後になりましたが、ミニマムリッチシリーズとして、1作目の『本当に必要なものはすべて「小さなバッグ」が教えてくれる』、2作目の『すてきな靴が一歩ふみ出す自信をくれる』に続き、3部作として本書を世に出していただいた、クロスメディアグループの小早川代表を始め、編集の戸床様、社員の皆様に心から感謝を申し上げます。

そして、かけがえのない時間をともに過ごしてきた家族、友人、仲間に心を込めて「ありがとう」。

令和元年　横田真由子

【著者略歴】
横田真由子（よこた・まゆこ）
ミニマムリッチ® コンサルタント／オフィスファーレ代表
株式会社ケリングジャパン（旧GUCCI JAPAN）販売スタッフとして有名人やVIP客の担当となり、3年で店長に昇格。顧客獲得数NO.1となる。VIP客の物選びに女性としての優雅な生き方を学び、独自の「大人エレガンス」を実践する契機となる。
2004年、英語の「DO」と同義語のイタリア語「fare」を屋号に、「オフィスファーレ」を設立。ものをただ使い捨てるのではなく、選んだものを大切に手入れしながら愛し抜く姿勢に、真の豊かさを感じ、「上質なものを少しだけ持つ人生」＝「ミニマムリッチ®ライフ」を提唱し、セミナー、講演、執筆活動を行う。
著書に『本当に必要なものはすべて「小さなバッグ」が教えてくれる』『すてきな靴が一歩ふみ出す自信をくれる』（クロスメディア・パブリッシング）など、近刊に『美しく生きる人は毎日生まれ変わる』（大和書房）がある。

［オフィシャルサイト］ http://minimum-rich.com/

本当《ほんとう》に必要《ひつよう》なことはすべて「ひとりの時間《じかん》」が教《おし》えてくれる

2019年 8月11日 初版発行
2021年 8月 2日 第12刷発行

発行 株式会社クロスメディア・パブリッシング
発行者 小早川幸一郎
〒151-0051 東京都渋谷区千駄ヶ谷4-20-3 東栄神宮外苑ビル
https://www.cm-publishing.co.jp
■本の内容に関するお問い合わせ先 …………………… TEL (03)5413-3140 ／ FAX (03)5413-3141

発売 株式会社インプレス
〒101-0051 東京都千代田区神田神保町一丁目105番地
■乱丁本・落丁本などのお問い合わせ先 ……………… TEL (03)6837-5016 ／ FAX (03)6837-5023
service@impress.co.jp
(受付時間 10:00～12:00、13:00～17:00 土日・祝日を除く)
※古書店で購入されたものについてはお取り替えできません
■書店／販売店のご注文窓口
株式会社インプレス 受注センター ……………………… TEL (048)449-8040 ／ FAX (048)449-8041
株式会社インプレス 出版営業部 ……………………………………………………… TEL (03)6837-4635

ブックデザイン 金澤浩二
カバー・本文イラスト 服部あさ美
DTP 荒好見
印刷・製本 中央精版印刷株式会社

ISBN 978-4-295-40333-3 C0030